なぜ私たちは、仕事が嫌いになるのか。

ハイパフォーマーの隠された真実

相原孝夫

日本経済新聞出版

Why Do We Come to Hate Our Jobs?

Aihara Takao

なぜ私たちは、仕事が嫌いになるのか。

プロローグ

仕事に生活を乗っ取られない人々

農業に惹かれるZ世代がなぜ多いのか

いま日本では、自分の働き方に疑問を抱く人が多いのではないか——そう思わせるデータがある。

地方へ移住して農業に従事する人、またはそれを希望する人が若い世代で増えているというのだ。

JA共済連が行った「農業に関する意識と実態調査」（2024年2月）によると、10代〜50代男女1万人のうち37・4%が「地方暮らし」を希望し、Z世代（1997年から2012年に生まれた人々）では45・1%と高いことがわかった。

15～27歳男女の４人に１人が「農業をやってみたい」(26・9％)、就職意向のある学生の28・１％が「就農の可能性あり」と回答。今後、副業や兼業をする意向がある人のうち、半数近く(42・8％)が「農業に携わる可能性あり」と回答したという。

彼ら、彼女らにとって、農業は「地域活性化に役立つ」「日々進歩している」などポジティブなイメージが強い。

かつては３Ｋ(きつい・汚い・危険)と呼ばれたが、5年以上農業に従事している人は、「やりがいがある」「役に立つ」「夢がある」３Ｙな仕事と実感しているという。仕事と生活の「ワークライフバランス」にも7割超(74・0％)が満足していた。

会社員の仕事では得られない何か、とは何か

社会に出て数年で早くも農業に希望を見出すということは、それだけ現在の働き方に疑問や違和感を持っているからなのであろう。

ではなぜ農業なのか。おそらくは、会社員としての働き方と対極にある、という理由もあるのではないだろうか。「やりがいが感じられない」「誰かの役に立っている気がしない」「夢がない」。若手会社員から多く聞かれるのは３Ｙの逆である。この虚無感から最も端的

に逃れられる手段としての農業なのであろう。

会社の仕事に「やりがいが感じられない」大きな要因の一つは、結果がわかりやすい形で出ない点にある。農業は必ず成果が出る。作物を育てる喜びがある。Z世代は自己実現を重視する傾向が強いが、会社員としての仕事ではなかなか得られない感覚であろう。

一方で、農業は自分の手で一から作り上げる、確かな感覚が得られる。努力すれば努力しただけの結果が目に見える形で得られるのだ。

また、会社生活とは違い、他者の指示に従うことなく、時間に追われることもなく、自分の裁量で、自分のペースで働けるのではないか、と思える点にも魅力を感じるのだろう。

加えて、Z世代はSNSを通じた情報発信に慣れており、健康や食の安全への関心も高い。農業ライフや収穫物などをSNSで発信でき、やりがいや楽しみを見出しやすいに違いない。

就農希望が広がる、もう一つの側面として、「地方暮らし」という要素がある。就農はたいてい地方暮らしとセットになる。

「地方暮らし」がいま、一つのブームになっているようだ。都会にベースを置きながら、時々地方に住むというライフスタイルが流行りつつあるようなのだ。そうした二拠点生活を送る人たちを「デュアラー」と言うそうだ。

私自身も、週の4日前後を東京で、残りの3日前後を自宅のある地方で過ごしているので、どちらをベースとしていることになるのかは判然とはしないが、いずれにせよデュアラーということになる。

二拠点生活をする場合の理由で多いものとして、「都会生活の息苦しさ」から逃れるということがある。私も家族で東京に住んでいたことはあるが、田舎者としては、確かに息苦しさのようなものは感じていた。

人の多さや自然の少なさもあるが、人間関係がほぼ仕事関係に限定されていたということもある。環境も人間関係も多様性がなかったことで、そう感じていたのであろう。人は常に、選択肢の少ない状況には閉塞感を覚えるものだ。

ところで、東京生まれ・東京育ちの人などは、都会生活に息苦しさを感じたりはしないのだろうか、とふと疑問がわいた。大学時代から付き合いのある、都会っ子の友人、計12人にLINEで聞いてみた。

明確な返答ばかりではなかったが、息苦しさを感じている者はほとんどいなかった。ある友人などは、「自分の生まれ育った場所で息苦しさなど、感じるわけないだろ」と返してきた。

中には、4年間、ある地方に仕事で赴任していた時に、逆に息苦しさを感じたという友人がいた。理由を聞いてみると、一番の要因は人間関係の少なさだったそうだ。職場の人を含めて10数人しか知人がいない環境に閉塞感を覚えたようだ。

その彼は、東京では仕事帰りによく飲みに行っていたそうだが、地方では飲みに行く友人もいなければ、遅くまで開いている店もなく、息抜きができなかったわけだ。やはり良くも悪くも、人間関係は重要な要素なのだ。

ただし、「息苦しさは感じない」と返答をくれた人たちに多かった意見が2つあった。

一つは、都会は息苦しくはないが、通勤電車と人混みは息苦しいというものだ。年齢と共に人混みが苦手になっていったという。

もう一つは、仕事上で息苦しさがあるというものだ。時間に追われたり、職場の人間関係に問題があったりなど。都会生活で息苦しさを感じるのは、多くの場合、仕事によるものかもしれない。特に長時間労働が常態化しており、仕事に生活が乗っ取られているような状況にあれば、生活自体が息苦しいと感じるのではないだろうか。

二拠点生活で得られる人生のバランス

友人たちとのやりとりで一番驚いたのが、すでにデュアラーだった者が4人、二拠点生活へ向けて物件探しをしているという者が2人いたことだった。

二拠点生活の理由を聞くと、シンプルに避暑や避寒という答えは多かったが、本質は別にあるようだ。

理由としては、気分転換、バランスのとれた生活、人生後半の充実などの言葉があげられる。時間的な余裕ができて、一方で人生も残すところあと20年や30年、仕事ばかりしてきたこれまでを振り返り、残りの人生をもっと豊かに過ごしたいとの思いが、ある切迫感を持って芽生えてきたのだろうか。

彼らが口にした、「バランス」という言葉に興味を引かれた。もっとバランスのとれた生活、バランスのとれた人生など。何かしら、バランスが良くないとの感覚があったのであろう。一つには、やはり仕事と私生活とのバランスがある。その他、頭と身体、緊張とリラックス、仕事と私的な人間関係、人工物と自然物……。

これらのバランスが崩れていると、何かしらストレスを蓄積しがちである。長年感じてきたバランスのずれを二拠点生活で解消しようというのが、大きな目的の一つに違いない。

興味深いことに、デュアラーの中で、完全移住を考えていたのは1人だけだった。地方暮らしだけでは、それはそれでバランスを欠くと思えたからではないだろうか。

この点をもう少し深読みするならば、アイデンティティの問題とも言えると思う。都会で仕事をしていると――現代病と言ってもいいかもしれないが――どうしても仕事中心の生活になってしまう。アイデンティティが一本足になってしまい、バランスを欠く。東京では、「働くために暮らす」という側面が強いように思う。

一方で、地方で農業などしている場合は、「暮らすために働く」となるであろう。もちろん、こちらが本来の姿だ。しかし、現代は仕事が生活の中心となってしまいがちだ。暮らすために働く、生活するために仕事をする、というと、「お金のためにだけ働いているのではない」と言う人もいるかもしれない。確かにそうだろう。お金以外にも仕事から得られるものは多い。

しかし、それが行き過ぎてしまうとリスクもある。生計を立てるためのお金は仕事から得る。自己実現も仕事を通して行う。やりがい、生きがいもすべて仕事から得るとなると、仕事一辺倒の人生になってしまいかねない。もはや仕事が自らのアイデンティティそのものとなってしまうのだ。

そうなると、レジリエンス（弾力性）が低下するなど、いろいろと弊害も生じる。いま世界中で起こっている「反労働」の機運は、このような仕事一辺倒の人生への反発だ。

二拠点生活は都会と地方それぞれの魅力をバランスよく取り入れる方法として、多くの人にとって理想的なライフスタイルになりつつある。地方暮らしのデメリットがどんどんなくなり、メリットが増してくるならば、今後は、都会をベースにして時々地方に行くのではなく、逆に地方に定住して、時々都会に出ていくというライフスタイルが増えるのではないだろうか。

ハイパフォーマーは、生活を仕事に乗っ取られない

ちなみに、本書のテーマは、田舎暮らしの勧めではない。「仕事中心の生活」からの脱却だ。そして、それによる生活全体のウェルビーイングの向上だ。

本文で詳しく述べるが、現代は多くの人たちにとって、「仕事中心の生活」になってしまっている。やや極端に言えば、「働くために生きている」という状態だ。そのことへの反発が世界中で起きている。

一つの直接的なきっかけはコロナ禍だ。働く人たちが一斉に内省モードに入った。「自分の人生はこのままでいいのか」、「生活のすべてを仕事に乗っ取られたままの状態でこれ

からも生きていくのか」と。

仕事は生計を立てるために必要だ。しかし、もっと違った、生活全体のウェルビーイングを高めるような持続可能な働き方があるのではないか。この本では、それを可能とする方向性について述べている。

幸せな働き方の方向性を考えるにあたって参考になるのは、ハイパフォーマーたちの働き方だ。

高いパフォーマンスをあげることは、一見、「反労働」の方向性とは真逆に思えるかもしれない。しかし、仕事に乗っ取られない人生ということでは一致している。

ハイパフォーマーというと、いかにもガツガツと脇目も振らず、仕事に邁進しているような印象があるかもしれない。

しかし、30年以上にわたり、およそ3000人ものハイパフォーマー研究をしてきてわかったことは、彼らは働く人の中で最も余裕を持って働いており、柔軟な思考と行動力を有しているということだ。決してプライベートを犠牲にしたりはしていない。

仕事に生活のすべてを乗っ取られている人たちは、実はハイパフォーマーではない。なぜなら、ハイパフォーマーは主導権を会社に握られておらず、自律性を確保できているからだ。

大量生産・大量消費の時代になって賃金労働をする中で、自由裁量など、幸せに働くうえで大切なものが失われていった。また、お金以外の曖昧なものを追い求め始めたことで、いつしか仕事がアイデンティティそのものとなってしまった。それによる弊害は深刻だ。

こうした状況から脱却しなければ、生活全体のウェルビーイングは向上させられない。賃金労働によって失われたものを取り戻す働き方を追求していくと、「職人的な働き方」に行き着く。職人とは、現代においては「プロフェッショナル」と置き換えてもいいであろう。そして、一本足のアイデンティティから脱却するには、アイデンティティの多様化を図る必要がある。

本書では「自己複雑性」という言葉を使っているが、バランスのとれた人生を送るうえでは欠かせないことだ。そして、結果としてこれらのことを最も忠実に実践しているのがハイパフォーマーなのである。

目次

プロローグ　仕事に生活を乗っ取られない人々

第1章　仕事の成果が高いから、ウェルビーイングも高まる

第2章

「静かな退職」を、絶対に避けるべき理由

第3章

「クソどうでもいい仕事」がなぜ生まれ、人間をどう蝕むのか

第4章

長時間労働と「やりがい搾取」が、仕事の幸せを奪う

第5章

会社と仕事への依存に、危機感を抱く人々

ワーカホリックの人が逃れたい感情……182
忙しいアピールが仕事至上主義を育む……183
人々が働きすぎてしまう7つの理由……185
アイデンティティとなっている仕事から離れられない……187
宝くじで5億円当たったら仕事を辞めるか？……190
仕事に生活が乗っ取られると、何も残らなくなる……192
仕事に情熱を持つ人ほど、排他的な思考になる……194
仕事にやりがいを求める人が投げる侮蔑的な視線……196
労働＝美徳に対する、静かで深い反発……197
会社に依存する「静かな退職者」、自立するハイパフォーマー……200

第6章

ハイパフォーマーの働き方、隠された真実

エピローグ

ハイパフォーマーは「オフ」に何をしているか

第1章

仕事の成果が高いから、ウェルビーイングも高まる

なぜウェルビーイングが関心を集めるのか

近年、「ウェルビーイング」が注目されている。ウェルビーイングが向上すれば、生産性も向上し、業績がアップするということで、企業でも盛んに導入している。

「ウェルビーイング（Well-being）」は、直訳すれば、「良好な状態」となるが、もともとは世界保健機関（WHO）憲章の前文で使用された言葉で、「肉体的にも、精神的にも、そして社会的にも、すべてが満たされた状態にあること」を指している。

厚生労働省の雇用政策研究会報告書（平成30年度）では、ウェルビーイングを「個人の権利や自己実現が保証され、身体的、精神的、社会的に良好な状態にあること」と表現している。

内閣府は2019年より、「満足度・生活の質に関する調査」を実施しており、その目的を、我が国の経済社会の構造を人々の満足度（Well-being）の観点から多面的に把握し、政策運営に活かしていくこととしている。

これまで国の豊かさを測る場合、経済指標であるGDP（国内総生産）が長く使われてきた。だがGDPは生産量であり、生活の豊かさや幸福度は測れないという議論が以前からあり、ウェルビーイングへの関心の高まりにつながっている。

グラフ（図表1－1、1－2）は、「満足度・生活の質に関する調査報告書2024」（内閣府）の「生活満足度」の結果である。「現在の生活にどの程度満足しているか」について、「全く満足していない」を0点、「非常に満足している」を10点として11段階で集計している。男女別では、女性のほうが常に生活満足度が高い。年度別推移では、コロナ禍の影響か、2021年は男女ともに下がり、翌年から女性は上昇、男性は次の年まで下がって、以降、上昇に転じている。

年齢層別では、「65歳以上」の高齢者はぐんと高く、現役世代は「39歳以下」と「40歳から64歳」とで、2021年から差が開いている。こちらもやはりコロナ禍の影響で管理職の人たちの負担が上昇したのか、40歳以上の人たちの満足度が低下傾向にある。

では、なぜウェルビーイングが注目されるようになったのか。

2021年の世界経済フォーラム年次総会（ダボス会議）のテーマは、「グレートリセット」だった。これは現在の社会を構成する金融や社会経済などの様々なシステムを、すべてリセットすることを意味する。そして、グレートリセットのためには、人々のウェルビーイングについて「再考」する必要があると提言され、一躍注目を集めた。

「再考」が必要な理由は、社会や経済の構造的な変革が、人々の生活の質や幸福に深く影響するため、グレートリセットを成功させるには、人々のウェルビーイングが社会や経済

図表1-1　生活満足度の推移（男女別）

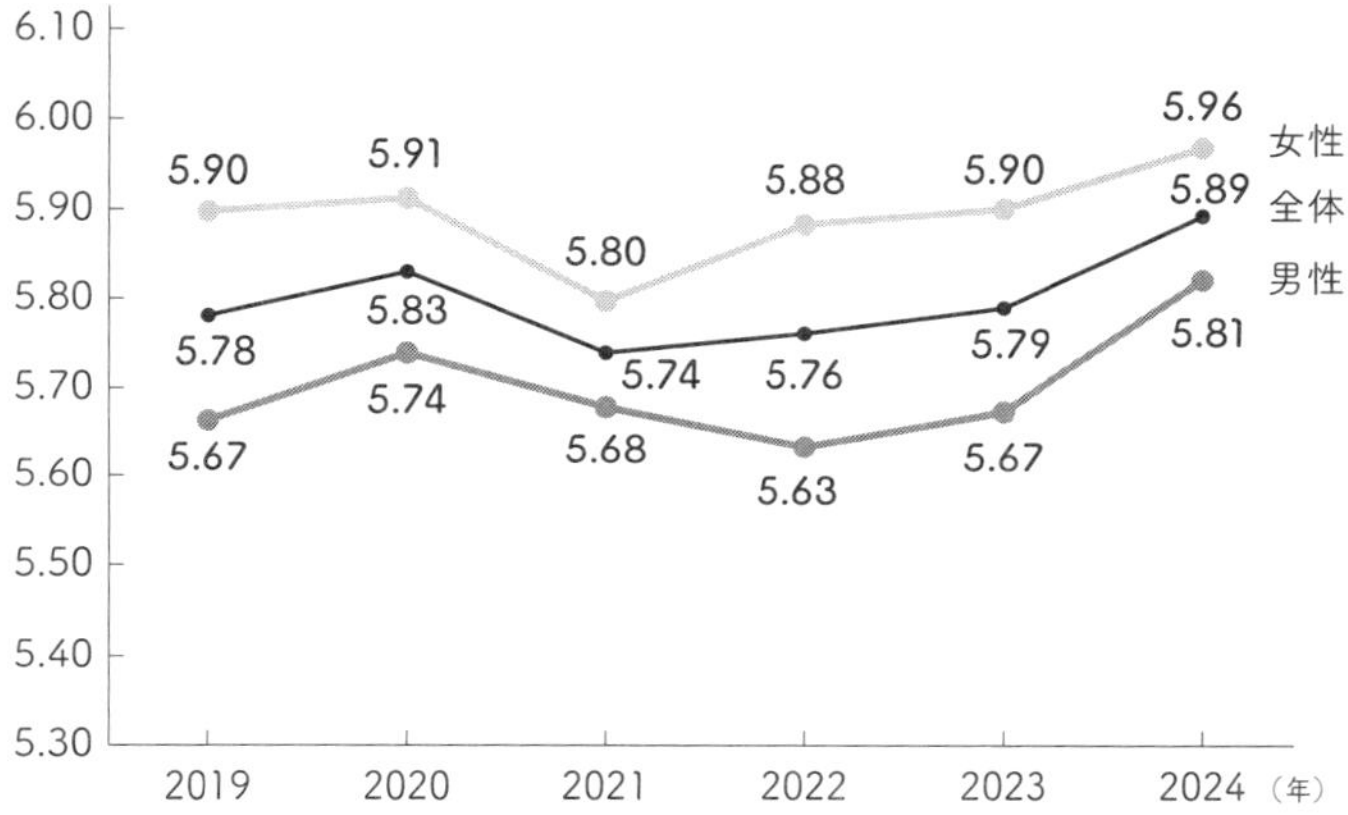

出所：「満足度・生活の質に関する調査報告書2024」内閣府

図表1-2　生活満足度の推移（年齢階層別）

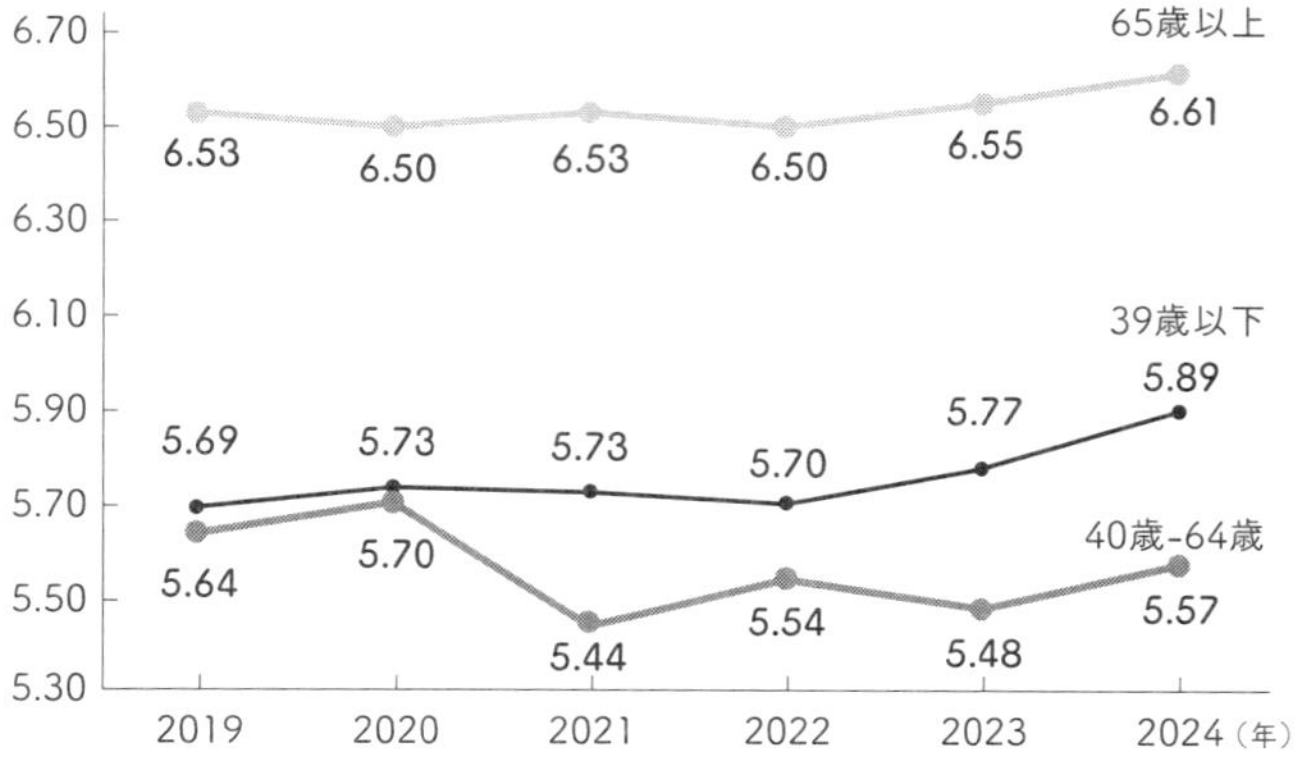

出所：「満足度・生活の質に関する調査報告書2024」内閣府

の根幹に据えられなければならないからだ。

また、OECD（経済協力開発機構）は、新たな教育のフレームワーク「Learning Framework 2030」の中で、教育の最終目標を「経済発展」ではなく「個人や社会のウェルビーイング」に置いている。個人と集団のウェルビーイングのためにも、物質的な資源へのアクセスのみならず、教育や安全、環境や社会参画などへの公平なアクセスの重要性を指摘している。

さらに、「ウェルビーイング・エコノミー」と呼ばれる、新たな経済概念が登場している。これは、経済活動は社会や自然界の他のものの一部であるという考え方で、「健康」「生活水準」「自然環境の質」「労働保障」「市民の政治参加」など多面的な指標をGDPと並ぶ経済の指標として捉えている。

ウェルビーイングを推進するガバメントであるWellbeing Economy Governments（WEGo）が設立され、現在はスコットランド、ニュージーランドなど数カ国・地域が加盟しており、ウェルビーイングを中心に据えた政策づくりが進められている。

ウェルビーイングを高める企業のメリット

企業も、ウェルビーイングに注目している。

楽天グループでは、「Well-being First」の宣言のもと、安全な職場づくりや従業員の心身の健康にコミットしている。従業員の状態を「ウェルビーイングサーベイ」により把握し、健康課題として運動不足、睡眠の質、体重管理に着目。専門家を招いたセミナーなどを通じて解決に取り組んでいるようだ。

ロート製薬では、ウェルビーイング経営が会社成長の源泉であるという考えのもと、健康・コミュニケーション・挑戦に向けた取り組みなどを実施している。

アシックスも、「従業員とその家族の"Well-being"（身体的、精神的、社会的に良好である状態）」を目指し、活動の成果を報告書にまとめて毎年公開している。

味の素では、従業員のウェルビーイングが人財資産の強化を支えるとの考えから、「健康」「挑戦・成長」「社会・文化」「報酬・資産」の面から幸福度向上を推進している。

では、ウェルビーイングを高めることで、企業にはどのようなメリットがあるのだろうか？

▼生産性の向上と業績アップ

ウェルビーイングが高まり、身体・精神的に健康な社員が増えれば、一人ひとりのモチベーションがあがり、生産性が向上し、業績アップにつながる。厚生労働省の公表データによると、「従業員満足度と顧客満足度の両方を重視する」企業は、「顧客満足度のみを重視する」企業に比べて、売上高営業利益率、売上高ともに「増加傾向」にある割合が高い。

ウェルビーイング導入企業の公表内容を見ると、必ずと言っていいほど、「健康」というキーワードが入っている。近年、「健康経営」が注目されているが、推進している経済産業省によれば、健康経営とは「従業員等の健康管理を経営的な視点で考え、戦略的に実践すること」とされている。

従業員が肉体的・精神的・社会的に満たされる状態を目指すこと、つまり、ウェルビーイングを高めることは、健康経営の推進に直接的に寄与する。それにより、生産性や業績の向上といった経営的なメリットを得やすくなるということだ。

▼離職防止や人材の確保につながる

従業員の幸福度が高まれば、自社への帰属意識が強まり、人材の流出防止につながる。また、ウェルビーイングに配慮した職場環境は、求職者にとっての魅力になり、ウェルビーイング重視の姿勢を社外に示すことで、従業員を大切にする企業としてのイメージが高まり、採用活動で優位に働く。

「働くこと」で幸福、充実を感じられない日本

では、どれくらいの人が働くことを通してウェルビーイングを実現しているのであろうか。パーソル総合研究所が2022年に実施した国際比較調査「グローバル就業実態・成長意識調査」では、「はたらくことを通じて、幸せを感じている」日本人は49・1%しかいない。調査対象となった18カ国・地域の中で最低だった（図表1―3）。

さらに深刻なデータがある。企業で働く従業員のエンゲージメントを調査した結果だ。エンゲージメントとは、「契約」「約束」「誓約」などを意味する言葉だ。ビジネスでは主に従業員の会社に対する「愛着」や「思い入れ」などの意味で使用される。

エンゲージメントは、ウェルビーイングを構成する中核的な要素だ。アメリカのギャラップ社の研究では、「エンゲージメントの高い社員は、仕事の成果が認められることで自己評価が高まり、それがウェルビーイングに寄与する」ことが示されている。

「2023年版ギャラップ職場の従業員意識調査：日本の職場の現状」によると、日本の従業員のエンゲージメントは、OECD加盟国中、最低のスコアであり、4年連続で過去最低を記録した（図表1―4）。

日本については、「従業員の95%が職場で生き生きと活躍できておらず、4分の1近く

図表1-3　はたらくことを通じて幸せを感じている割合

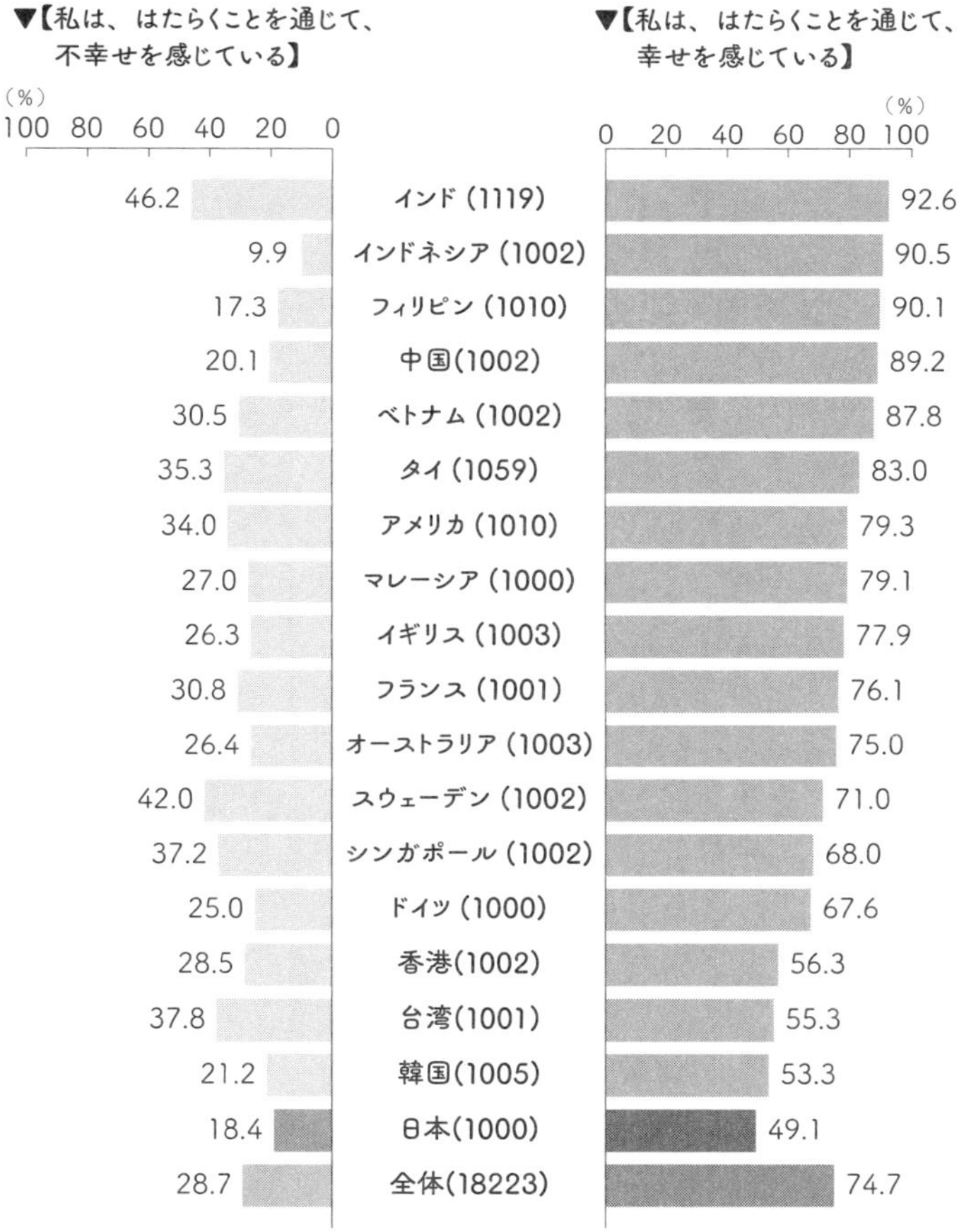

出所：「グローバル就業実態・成長意識調査（2022年）」パーソル総合研究所

図表1-4　エンゲージしている従業員の割合

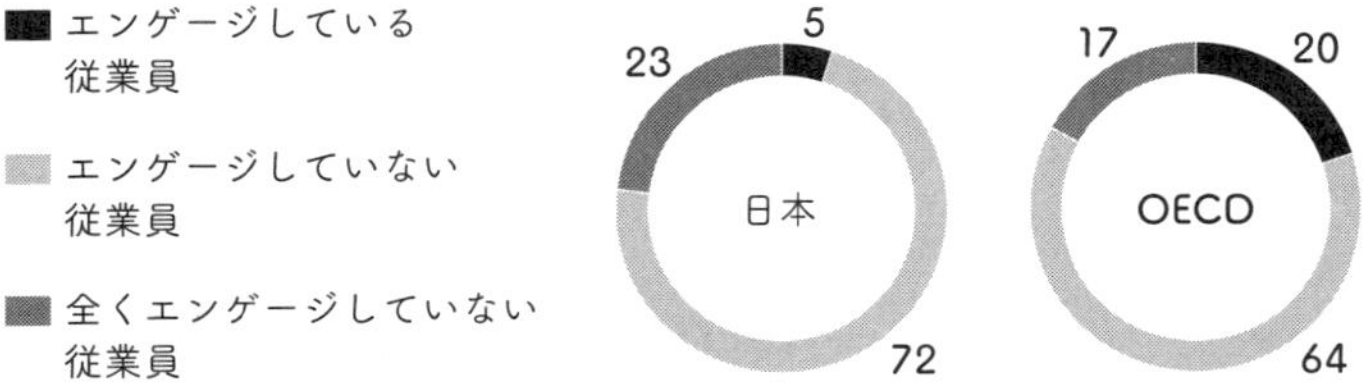

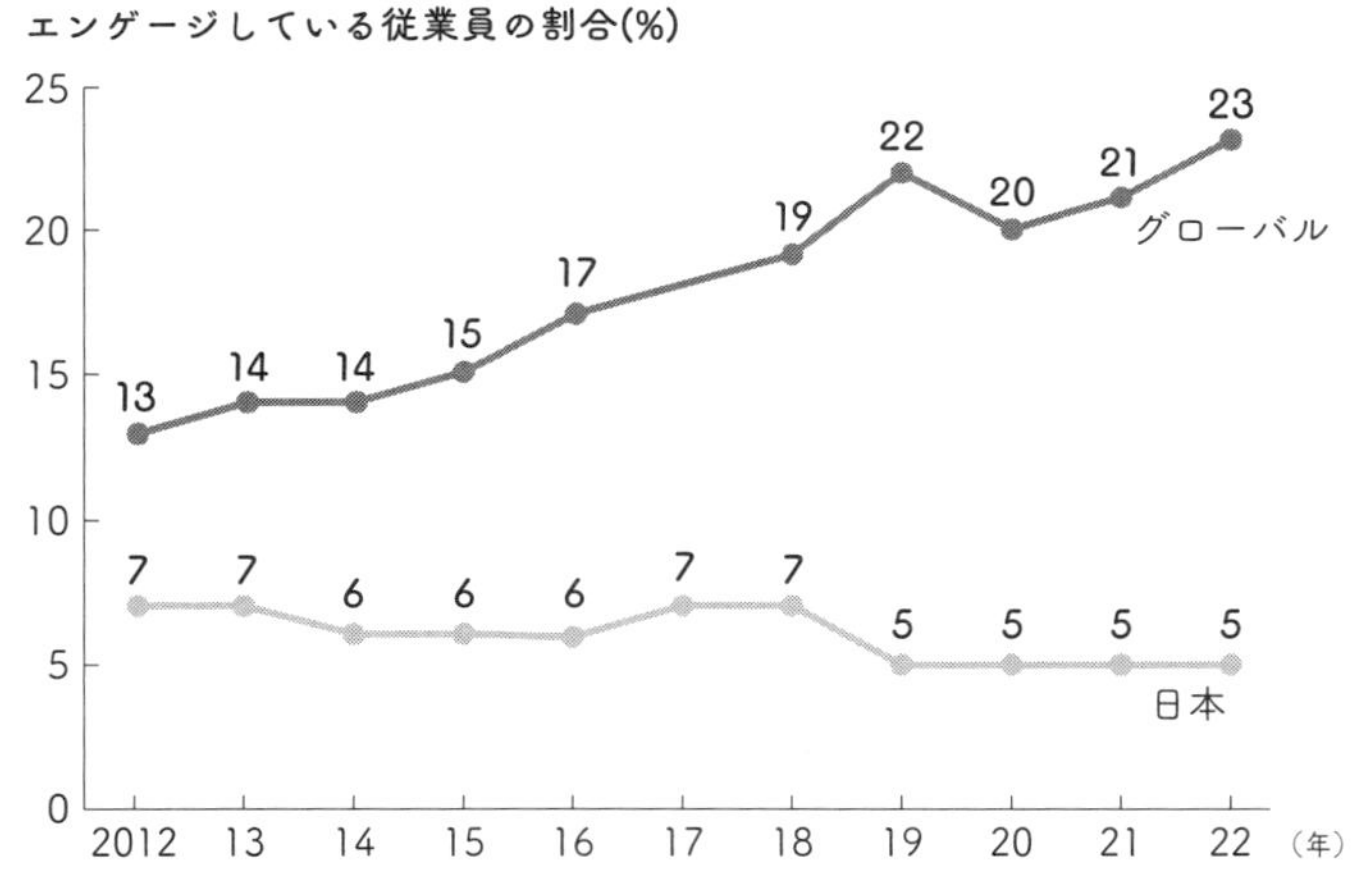

出所：2023 Gallup, Inc.

が『全くエンゲージしていない従業員』で、会社の評判を落とすようなふるまいをしている」とレポートでは結論されている。

日本企業の従業員エンゲージメントが極端に低い理由についてはいくつかの仮説がある。まず、かねて言われる国民性が挙げられる。自らの肯定的な評価を控える傾向だ。私が米国系の人事・組織コンサルティング会社に勤めていた時に、何度か同様の調査を数カ国で行ったが、常に日本と韓国が最も低く、南米が高いスコアだったように記憶している。

また、仕事に対する姿勢を指摘する向きもある。裁量の範囲が小さく、受け身的な働き方をしているので、「やらされ感」からエンゲージメントが下がっているというものだ。

加えて、労働市場の非流動性が災いしているかもしれない。つまり、辞めたくても辞めづらい状況にあるため、熱意がなく、エンゲージメントが低いまま勤め続けている可能性もある。

以上のような理由があるにせよ、経年で見ても、他国との差はますます開いており、企業の競争力の低下、ひいては日本経済に大きな損失をもたらしかねない状況にある。

「幸福で生産的な働き手理論」の不都合な真実

企業では、従来から「満足度調査」などを行い、従業員の満足度を高める取り組みは行われてきたが、これらはウェルビーイングを高めることにはつながっていないのだろうか。

これまでも「従業員の満足度を高めない限り、顧客満足度が高まることはない」と考えて実践してきた経営者は少なくない。しかし、諸々の調査結果を見る限り、どうやら従業員のウェルビーイングはかなり低いようなのだ。

「ハッピーワーカー＝プロダクティブワーカーではない」と昔から言われてきた。「ゆるい環境で、業績へのプレッシャーもなく、残業もない、給料もそこそこ良く、福利厚生も整っている」と、従業員は居心地が良く、不満はないかもしれない。しかし、成果があがるようには思えない。こうした状況はハッピーなのだろうか。

一方で、「幸福で生産的な働き手理論（HPWT＝The Happy-Productive Worker Thesis）」という考え方も以前からある。「より幸せな労働者は、より優れた労働者である」というものであり、数十年にわたって研究されてきた。これに関する考察がウェブメディア「LIFEHACKER」の「幸せと生産性は必ずしも両立しない。仕事で『燃え尽きない』ためにできること」という記事で紹介されている。

記事によると、2008年に発表された研究においては、過去の研究の多くでは被験者の仕事の満足度によって幸福度が測定されていたものの、「仕事の満足度は、幸福度の有効な尺度ではない可能性がある」と指摘されているという。つまり、「仕事の満足度＝仕事における幸福度」ではなく、幸福度を満足度で測ることは間違っているという主張だ。

2019年、スペインの研究者らはこの理論をベースに、労働者には「幸福で生産的」と「不幸で非生産的」だけではなく、4つの類型があると考えた。※1

①幸福で生産的
②幸福で非生産的
③不幸で非生産的
④不幸で生産的

①と③は「相乗的」な組み合わせで、②と④は「拮抗的」な組み合わせだ。「幸福で生産的な働き手理論（HPWT）」で想定しているのは「相乗的」な2つのパターンであり、「拮抗的」なパターンについては考慮されていない。

調査の結果、調査対象者の半数以上が、「不幸で生産的」か、「幸福で非生産的」であることが判明したという。これは、「幸福で生産的な働き手理論（ＨＰＷＴ）」からすれば、不都合な真実になるだろう。想定されていなかった組み合わせが多くを占める結果となったからだ。

最終的に研究チームは、旧来の「幸福で生産的な働き手理論」の定義よりも現実は複雑であると結論づけた、とＬＩＦＥＨＡＣＫＥＲの記事は報じている。

この研究者たちは、２００８年に発表された先の論文の著者たちと同様に、これまでの仕事満足度重視の考え方には問題があると考え、職場の幸福度を、異なる哲学的概念に基づく２つの異なる観点から測定した。

快楽とポジティブな感情としての「ヘドニック（hedonic）」と、個人の成長と意義の認識としての「ユーダイモニック（eudaimonic）」である。端的に言えば、幸福を「快楽性」と「有意義性」とに分けて考えたのだ。

「ヘドニック」は、欲しいものを手に入れた時などに主に得られる快楽感情を意味する古代ギリシア語の「ヘドニア」を語源とする。このことから、ヘドニック・ウェルビーイングとは「短いスパンで感じる幸せ」という意味で表現される。ウェルビーイングの理論の中で通常述べられている幸福はこの観点だ。

一方、ユーダイモニック・ウェルビーイングは長期的なウェルビーイングを意味する。

「ユーダイモニック」は、古代ギリシャの哲学者アリストテレスが人間の最上の善とした ユーダイモニアを語源とする。真の幸福というような意味だ。

アリストテレスによると、「真の幸福とは、徳のある人生を生き、価値ある行為をすることによって得られる」という。したがって、ユーダイモニックなウェルビーイングとは、人間の潜在能力が十分に発揮され、価値ある目的を成し遂げた状態を指す。ウェルビーイングに関する現在の主流の理論で抜け落ちている側面だ。

快楽性と有意義性の二兎を追う

「不幸で生産的」であるという状況は、日常的に多く目にする。強いプレッシャーにストレスを感じながら、責任感から無理な働きをしつつも、なんとか頑張っているという状態だ。バーンアウト（燃え尽き）へ向かいかねない状況とも言えるだろう。

一方、「幸福で非生産的」という状況もあり得るだろう。従来よく言われていた「ハッピーワーカー＝プロダクティブワーカーではない」となるのだろう。居心地のいい、ゆるい職場でぬくぬくと過ごしているような状況だ。幸福の中の「ヘドニック（快楽的要素）」が強い状況である。

このように労働者は、ヘドニック（快楽性）な意味では不幸でも、ユーダイモニック（有意義性）な意味では幸せなこともある。つらくても、充実感を得ているという状態だ。

その逆のパターンも当然ある。楽で不快感はまったくなくても、充実感が得られないという状態だ。

企業は、「いま現在のウェルビーイング」と「長期的なウェルビーイング」の両方を考慮しなければならないのだ。

ウェルビーイングを高める5つのポイント

では、現在のウェルビーイングと長期的なウェルビーイングとの両方を高めるには、どういった点に働きかける必要があるのだろうか。

ポジティブ心理学の分野では、ウェルビーイングは5つの要素で定義されている。アメリカの心理学者マーティン・セリグマンが提唱した「PERMA理論」である。※2

・P（Positive Emotion）＝ポジティブな感情
・E（Engagement）＝エンゲージメント

・R（Relationship）＝他者との良好な関係
・M（Meaning）＝生きる意味の探求
・A（Accomplishment）＝達成感

この5つの要素を追求することで、人々は本質的な動機づけを得ることができ、ウェルビーイングを高められるとされている。では、この5つの要素をより詳細に見ていこう。

▼ポジティブな感情（Positive emotion）

嬉しい、楽しい、希望、感謝、感動などのポジティブな感情を持てているかという指標である。ポジティブな感情を高める方法として、次のような行動がある。

・大切な人と過ごす
・趣味などの楽しめる活動をする
・元気が出る音楽やインスピレーションを与える音楽を聴く
・感謝していることやうまくいっていることについて考える

▼**エンゲージメント**（Engagement）

時間を忘れるほど没頭して取り組める何か、仕事や趣味やスポーツを持っているかという指標である。この状態は、フロー状態とも言い表せるが、人は自分の最も優れた強みを活用しているときに、フロー状態を経験する可能性が高くなるという。エンゲージメントを高める方法として、次のような行動がある。

- 本当に好きな活動に参加する
- 日常の活動やありふれた仕事の最中にも集中する練習をする
- 自然の中で時間を過ごし、周りで何が起こっているかを観察する
- 自分の強みを知り、発揮する

▼**他者との良好な関係**（Relationship）

安心感や信頼感を持てる良好な人間関係を築けているかという指標である。他者に支えられ、愛され、大切にされていると感じることが良好な関係だ。他者とは、パートナー、友人、家族、同僚、上司、コミュニティが含まれる。他者との良好な関係を築く方法として、次のような行動がある。

- 興味のある課外活動などのグループに参加する

・よく知らない人に、相手をもっと理解するために質問をする
・知り合いの人と友情を築く
・しばらく連絡をとっていなかった人と連絡をとる

▼**生きる意味の探求**（Meaning）

人生の意義や目的を見出せているかという指標である。仕事やボランティア活動、コミュニティ活動などを通じて人生に目的を持つことは幸せにつながるほか、挑戦したり逆境を乗り越えたりするときにも役に立つ。生きる意味や意義を自覚する方法として、次のような行動がある。

・自分にとって重要な活動や組織に参加する
・自分とつながりのあるものを見つけるために、新しい創造的な活動を試してみる
・他者の役に立つことに情熱を注いでみる
・大切な人と充実した時間を過ごす

▼**達成感**（Accomplishment）

何かを成し遂げて達成感を得ているかという指標である。達成感とは、目標に向かって

取り組むことや、それを達成すること、そして努力をすることで得られた結果のことだ。達成感は自信を強められるため、幸福を感じられる。達成感を得る方法として、次のような行動がある。

- 具体的、測定可能、達成可能、現実的、期限付きの目標を設定する
- 過去の成功を振り返る
- 自分の成果を祝うための創造的な方法を探す

先に示した、「ヘドニック（快楽性）」と「ユーダイモニック（有意義性）」との関係で言えば、「ポジティブな感情」がヘドニックな幸福、「生きる意味の探求」がユーダイモニックな幸福と強く関連していると考えられる。これら5つのポイントを満たしていくことで、ウェルビーイングを向上させることができる。

パフォーマンスが先か、ウェルビーイングが先か

ウェルビーイングに関する理論では、ウェルビーイングが高まると、生産性が向上し、創造性も高まり、仕事のパフォーマンスがあがりやすくなると主張されている。いくつか

の研究からもそれは示されている。

実感としても理解できる。幸せな感情で仕事をするのと、そうでないのとでは、前者のほうが断然いい仕事ができそうである。だからこそ、企業は従業員のウェルビーイングを高めることに熱心に取り組んでいるわけだ。

では、どうすれば働く人たちのウェルビーイングは高まるのかと言えば、先に示した「PERMA」で定義されている各要素を高めるということになる。

社会人は人生の多くの時間を仕事に費やしているため、仕事の状況がウェルビーイングに大きく作用している。

それゆえ、プライベートの充実だけを考えても、5つの要素は満たせそうにない。仕事を通して5つの要素を満たし、ウェルビーイングを高めるには、どのような働き方が有効なのだろうか。逆に言うならば、どのように働いている人が幸せそうに見えるのだろうか。

企業など、組織で働く場合、その組織の期待に応えることが求められる。期待に応えることによって認められ、評価され、厚く処遇される。当人も達成感や自己効力感を得られる。

企業は従業員に対し、高いパフォーマンスをあげて、大きな貢献をすることを期待する。実際に、高い成果を継続的にあげるハイパフォーマーは、他の人たちよりも活き活きと働いており、ウェルビーイングが高そうに見える。

なぜ、高いパフォーマンスがウェルビーイングを高めるのか。仕事をしている以上、成果があがらないよりも、あがっているほうが楽しいに決まっている。当然といえば当然だ。

より分析的に述べるのであれば、以下のようになる。

高いパフォーマンスをあげるには、高い集中力で仕事をする必要がある。他者との良好な関係構築も不可欠だ。また、目標を達成し、使命を果たすことで達成感を得られる。評価され、周囲からも認知される。これらがポジティブな感情につながる。仕事に意味を見出しやすくもなる。パフォーマンスをあげようとするからこそ、必要な技能やコンピテンシー（高い成果につながる行動様式）が養われ、成長できる。成長はもちろん、ウェルビーイングを高める――。

この中でも、人との関係性は特に重要な要素だ。複数の研究が示しているとおり、人とのつながりは、仕事におけるウェルビーイングを育む中心的な役割を果たしている。

米バブソン大学でグローバルリーダーシップを専門としているロブ・クロスは、リレーションシップは仕事の出来を左右するとともに、仕事における満足感や充実感に関係しているとして、以下のように述べている。※3
「さまざまな業界やポジションの160人へのインタビューで、仕事がうまくいっているかどうかは、仕事そのものだけでなく、仕事上・仕事以外の両方での人間関係に大きく依存していることに、幾度となく気づかされた。自分の成長の糧となる人間関係に積極的に投資すれば、仕事が地味できついと感じている人でも、楽しくてやりがいがあると感じている人と同じくらい満足度や充実感を得られる可能性がある。」

このように、人とのつながりは仕事で成果をあげていくうえで重要であると同時に、ウェルビーイングを高めるためにも不可欠だ。そして、仕事で成果をあげていく過程でしか、他者との濃密なつながりは築けないといっても過言ではない。

高い成果が、高いウェルビーイングを実現させる

以上述べたように、パフォーマンスをあげる過程と結果において、「PERMA」の5つの要素を満たすことが可能となる。逆に言えば、仕事でパフォーマンスをあげずに、これらの要素を満たすことは容易ではない。

ウェルビーイングを高めるために、プライベートの充実を目指すこともあり得る。しかし、社会人の多くは、仕事に多くの時間を割かざるを得ない状況の中で、仕事以外の活動に多くの時間を割くのは現実的には難しい。

仕事を充実させずに、生活全体のウェルビーイングを高めることは、極めて困難に違いない。あえて困難な道を選んでいることになる。なぜなら、仕事以外で、ウェルビーイングの構成要素となる達成感や役立ち感、自己肯定感は、簡単には得られないからだ。仕事に多く時間を割いている場合、仕事以外で他者とのつながりをつくることも簡単ではないだろう。

結局、仕事でパフォーマンスをあげることは、ウェルビーイングが高い状態に手っ取り早くたどり着く手段となる。ハイパフォーマーたちは、仕事でパフォーマンスをあげることによって、高いウェルビーイングを実現しているのだ。

ハイパフォーマーは身近な人を助け、失敗から学ぶ

考えてみれば、成果があがる人の特徴は、ウェルビーイングが高い人の特徴ととても共通している。

たとえば、「笑顔が多く、ポジティブであり、協調性がある」、「謙虚であり、学ぶ姿勢があり、忍耐強い」など。このような特性を持っているからこそ、継続的に高い成果をあげられるわけだ。

拙著『ハイパフォーマー――彼らの法則』（日経プレミアシリーズ）の中で、ハイパフォーマーに特徴的に見られ、好循環の基点となっている行動として、「身近な人を助ける」や「失敗から学ぶ」などの点を挙げた。

「笑顔が多く、ポジティブであり、協調性がある」という特徴が「身近な人を助ける」という行動を生み、「謙虚であり、学ぶ姿勢があり、忍耐強い」という特徴は「失敗から学ぶ」という行動を生む。

仕事で高いパフォーマンスをあげることのウェルビーイングとの関係における重要性はこれにとどまらない。

ウェルビーイングを高く維持するうえでは、「仕事を失う可能性は低い」という安心感、いわば「キャリア安心感」も重要だ。いつ失業するかわからない状態は、日々のストレスも大きく、ウェルビーイングを引き下げる大きな要因となる。

高い貢献をしているハイパフォーマーは、会社が手放したくない存在なので、失業の不安はまずない。また、ハイパフォーマーの多くは、他社からのヘッドハントの誘いなども多く、これもウェルビーイングを押しあげる効果があると考えられる。

繰り返しになるが、なぜ成果をあげようとすることが重要なのかと言えば、成果をあげようとする行動はすべてウェルビーイングの向上につながっているからだ。

ウェルビーイングを向上させるには、先に述べたウェルビーイングの5つの要素が強く関係しているが、仕事において、成果をあげようとする行動は、5つの要素の追求そのものであり、それらの行動は直接的にウェルビーイングを高めるとともに、仕事における成果を通してウェルビーイングを高めることにもつながっているのだ。

パフォーマンスの向上を目指すのが自然

パフォーマンスや成果というと、その向上のために、あまり一生懸命になりすぎると疲弊してしまうから、ほどほどでいいと考える人もいるかもしれない。

しかし、成果をあげようとせずに働くことに矛盾はないだろうか。

学生にとっての「パフォーマンス」は成績である。成績をあげるために毎日授業を受けて勉強をしているわけだから、成績があがらなければ意味はない。

スポーツ選手も良い成績をあげるために日々練習をする。陸上の短距離選手であれば、コンマ数秒を縮めるために懸命に練習をする。野球選手は、相手チームに勝つために、走攻守の技能を高めようとする。

望んだ結果が出れば達成感を得られる。望んだ結果が出ないこともあるが、勝つことを目指して努力し続ける。野球でもサッカーでも、それを生業としているプロ選手が、一生懸命にやると疲れるから、ほどほどにやろうと考えるだろうか。

なぜホワイトカラーの職場では、ほどほどがあり得るのだろうか。

仕事において、パフォーマンスの向上を目指さずに行う活動に意味はあるのだろうか。勉強しても成績があがらない学生、練習しても技能が上達しないスポーツ選手は、時間を無駄にしていることになる。だからこそ、どうしたら成績があがるのか、技能が上達するのかを真剣に考え、努力し続けるのだ。

仕事においても、成果をあげようと取り組むことはごく自然だ。

自分で商売をしていたら、成果などあがらなくても、ほどほどに働けばいいとはとても言えない。青果店や鮮魚店を営んでいれば、商品が売れなければ、家族を養えない。売れなくてもいいとは決して言えない。

そう考えると、パフォーマンスはあがらなくても構わないという考えは、会社員の甘えでしかないだろう。

仕事が充実するから、プライベートも充実する

さらに重要なのは、仕事での充実がプライベートの充実につながるという点だ。仕事が充実しても、プライベートの充実につながらなければ、生活全体でのウェルビーイングは向上しない。しかし、実際には、仕事とプライベートは密接につながっている。

仕事が充実しているからこそ、プライベートにも張りが出て、充実する。

有名なモチベーション理論である「二要因理論」を提唱したフレデリック・ハーズバーグも、「人生で強い動機づけとなるのはお金ではなく、学習し、責任の中で成長し、他者に貢献し、成果を認められる機会だ」と述べている。

また、イノベーション理論で有名な経営学者のクレイトン・M・クリステンセンは、著書の中で次のように述べている。「仕事で皆から頼りにされること、価値を生み出すこと、大きな貢献したことは、家庭生活にも大きな影響を与える。その逆もまたそう。」（『プロフェッショナル人生論』、ダイヤモンド社、P74）

さらに、マネジメントの重要性について以下のような想定を示して説明している。

「私の心の目に、自尊心に満ちあふれた部下のマネジャーの一人が、朝、家を出る姿が浮かんだ。それから10時間後に、同じマネジャーが、自分は正当に評価されていない、悔し

い、十分に活躍させてもらえない、しかもバカにされた、と感じながら家族の元へ帰っていく姿が目に浮かんだ。そして彼女の自尊心が傷ついたために、子どもたちとの関わり方に大きな影響を与えたであろうと想像をめぐらせた。」

「私の心は別の日に飛び、彼女が自尊心に満ちあふれて家に帰る姿を思い浮かべた。彼女は多くのものを習得し、価値あることを成し遂げたと周囲に認められ、重要なプロジェクトの成功に中心的な役割を果たしてきた、と感じていた。そして私は、それが妻としてまた親としての彼女にどれほどよい影響を与えたかを想像した。」

「つまり、私の結論はこうだ。マネジメントとは、正しく実践すれば、最も尊い仕事の一つである。人が学び、成長し、責任を担い、成果を認められ、チームの成功に貢献することを、これほど多くのやり方で手助けできる仕事はほかにない。」

正しくマネジメントを行えば、部下の仕事における成功を後押しでき、それにより部下はプライベートでも周囲に良い影響を与えることができ、生活全体が充実するということだ。

仕事の結果は家庭生活にも影響する

このように仕事がうまくいっているか、そうでないかは、家庭生活にも影響を及ぼす。改めて指摘するまでもないだろう。時間的、経済的な影響もあるが、最も大きな心理的影響について考えたい。

仕事での成功は、自己肯定感を高め、精神的な健康を向上させ、家庭生活にも活力を与え、家庭にポジティブな影響を与える。

逆に、仕事での失敗は自己肯定感を低下させ、ストレスから精神的な健康を害し、家族とも前向きで穏和なコミュニケーションがとれなくなり、家庭にネガティブな影響を与える。

総じて、仕事での出来事は個人の精神的・経済的な状況に直結し、その影響は家庭生活にも波及する。その逆もまた然りだ。家庭生活が充実していれば仕事に集中しやすくなり、成功を収めやすくなるが、家庭生活がギクシャクしていたら、仕事にも身が入らずに、成果があがりづらくなるだろう。

一方がよければよいというわけではないが、一方がよいことで、もう一方も好転する可能性は高まる。両方望ましい状態であれば好循環が回る。一方、両方とも望ましくない状態であれば、互いに悪影響を及ぼし合い、悪循環になるだろう。ハイパフォーマーの場合、家庭生活も良好な人が多く、好循環が回っていることが多いように思われる。

「偽物のハイパフォーマー」を昇進させてはいけない

もちろん、パフォーマンスの向上がウェルビーイングの向上につながることを示す調査結果もある。

ロバートソンとクーパーの研究では、「仕事のパフォーマンスが高い社員は、仕事に対する達成感や満足感を感じやすく、心理的な幸福感が高まる」ことが示されている。また、高いパフォーマンスが認められることで、自己効力感や自尊心が向上し、全体的なウェルビーイングが向上する傾向がある。※4

また、ＡＰＡ（American Psychology Association）の調査によると、「達成感や成功体験は精神的な健康を促進し、全体的なウェルビーイングを向上させる」ことが示されている。具体的には、パフォーマンスの向上がストレスの軽減、ポジティブな感情の増加、および全体的な満足感の向上につながることが確認されている。※5

その他、ギャラップ社の調査では、エンゲージメントが高い状態で高いパフォーマンス

を発揮すると、心理的な満足感や幸福感が向上することが確認されている。※6

ここで注意したいのは、パフォーマンスの定義を間違ってはならないということだ。単に業績が高ければいい、というわけではない。中には、高い成果をあげていても、周囲に悪影響を及ぼしている例もある。これは会社としては絶対に避けなければいけない状況だ。

自分勝手でパワハラ行為が目に余るという例や、職場としての活動に後ろ向きで、否定的な発言を繰り返すなど。仮に一人分の成果はあがったとしても、チームの成果にはマイナスになる可能性が高い。

もっとも、こうしたタイプは短期的に成果があがることはあっても、継続的に成果をあげ続けることは難しく、本来のハイパフォーマーではない。

当人も短期的な成果のみに汲々としていると、ウェルビーイングを損ねかねない。ウェルビーイングが損なわれれば、かえって周囲にネガティブな言動をとることにもなる。

しかし、会社が業績だけを見てこうした人物を高く評価し、昇進させると、誤ったメッセージを従業員に発することになるので注意が必要だ。

成果至上主義の危険

なお、パフォーマンスをあげるにあたって、注意すべき点が2つほどある。1つは、成果至上主義に陥ってしまうと、かえってウェルビーイングを阻害するという点だ。

もう1つが、パフォーマンスをあげることを急ぎすぎると、結局そこにたどり着けずに、ウェルビーイングを低下させてしまうという点だ。

成果至上主義はいわゆる、「オーバーアチーバー」や「ワーカホリズム（仕事中毒）」の問題である。「オーバーアチーバー」とは「能力に対して期待される以上の成果を目指す人」を指す。成果をあげることが強迫観念となってしまう場合、かえってウェルビーイングを削いでしまうので注意が必要だ。

「ハーバード・ビジネス・レビュー」のエグゼクティブエディターのアニア・G・ウィエッコースキーは、オーバーアチーバーを取材し、次のように記述している。※7

「彼女は幼い頃から教師にほめられようとし、社会人になると、上司に認めてもらおうと努力した。（中略）もっと多くのことを成し遂げたいという強迫観念に駆られていることに気づき、そこから抜け出そうとした。しかし、何年もの間、もがき続けるだけだった。」

問題は、成果をあげて得た評価を更新し続けなければならないと思うことであり、仕事の成功の追求に終わりはないということに気づく必要があったのだ。

「いくら成功しても十分ではない」に追い立てられる

オーバーアチーバーは、仕事上の完璧主義が根っこにあり、いくら成功しても十分ではないという思いが、ウェルビーイングに大きな代償をもたらす。

つまり、強迫観念に駆られていては、ウェルビーイングを高めないばかりか、パフォーマンスも大きく低下させるのだ。

例として、ウィエッコースキーの記事では、ワーカホリズム（仕事中毒）の人の離婚率は、そうでないカップルより40％高いことや、中国では猛烈な「９９６」労働という文化（被雇用者が午前9時から午後9時まで週6日、働くこと）の中、毎日１６００人が心臓発作や自殺で命を落としていることが示されている。

ロンドン・スクール・オブ・エコノミクスの心理学教授であるトーマス・クランによれば、厳しい成果至上主義の文化はこの数十年、広まる一方であるという。彼は著書『The Perfection Trap』（邦訳『完璧主義の罠』光文社）で、完璧主義は「いまの時代を特徴づけているようだ」と述べている。つまり、「完璧主義」が成果至上主義の根幹にあるということだ。

「完璧主義とは、人間ががむしゃらに限界を超えようとしている経済システムの特徴的な心理である」と、クランは述べている。しかし、彼が最も厳しく批判するのは、ソーシャルメディアと広告が入り混じり、私たちの不安をかき立てるやり方だ。

これには簡単な解決策があると、クランは言う。「スクロールをやめることだ」と。ソーシャルメディアを利用するスマートフォンの使用を1日1時間減らすだけでも、うつや不安の症状が著しく軽減し、幸福感と健康が増進するという研究がある。

ハイパフォーマーは完璧主義ではない

ハイパフォーマーと聞くと、いかにも完璧主義者のようなイメージを持つ方も多いと思うが、決してそうではない。むしろ逆だ。

ハイパフォーマーは、力を入れるべき点とそうでない点とをわきまえている。疲弊してしまうほど、自分を追い込んだりはしない。ある程度余力を残している。だからこそ、いざという時に対処できるのだ。大変そうに業績をあげているわけではない。

ゴルフでも、力みなくクラブを振っているように見える人のほうが飛距離は出るものだ。グリップを力いっぱい握り、力の限りスイングすれば、結果としてヘッドスピードがあがらず、飛距離も出ない。ビジネスでも同様だ。常に力みすぎていてはパフォーマンスはあがらない。完璧主義者は、ハイパフォーマンスをあげ続けることは難しいのだ。

完璧主義者は、細かな点にこだわる。ミスや失敗を許せず、自分にも他人にも厳しい。また、他人からの評価を必要以上に気にして、完璧を求めるあまりに頑張りすぎ、ストレスを抱え込みやすい。完璧主義は一種の病と言ってもよいだろう。実際に、精神医学でいう強迫性パーソナリティと呼ばれる症状の人もいて、うつになりやすい典型的なタイプとされる。しかし、仕事や人間関係の悩み、生きづらさを感じながらも、自分は完璧主義であると自覚する人が少ないのも問題だ。

完璧さへのこだわりは年々強まっているという。イギリス、アメリカ、カナダの若年層を対象とした完璧主義に関する包括的な調査によると、完璧主義的な傾向や行動は著しく増加しており、１９８９年に比べ２０１６年時点で32％増加している。

仕事中心主義が広まる中で、自ずとこうした個人の性質も強まるのであろう。そして、もちろん働く人々のウェルビーイングを低下させる方向に働く。

完璧主義の営業担当者は、商品をどのように魅力的にプレゼンするかなど、「自分の完璧さ」ばかりを求めて、相手に対する共感力に乏しく、相手の思いを汲み取れない。これでは売れない。たまたま売れても再現性がない。

ハイパフォーマーは再現性を確保しているが、営業における再現性とは、顧客の思いを理解し、それぞれに合った対応ができるということだ。臨機応変さが必要であり、完璧主義とは対極にある姿勢とも言える。

完璧主義者のマネジメントが悲劇を招く

完璧主義者は手抜きや妥協ができず、細かい部分にもこだわり、周りにも同じだけの完璧さを求める。これが周りへの影響力の少ない一般社員のうちは害が少ない。むしろ、言われたことをきちんとこなすことで優秀と見られることもある。

しかし、完璧主義者が管理職になると、大きな問題を引き起こす。細かな点の完璧さを求めるため、部下をマイクロマネジメントし、追い詰めてしまう。自分は完璧にできているとの思いが強いがゆえ、なおさら他人を批判的に見てしまうのだ。

また、失敗してはいけないという思いが、新しいことへのチャレンジを躊躇させる。失敗しないために前例主義の考え方が強く、変化への対応が苦手だ。変化の激しい時代にあっては、組織を停滞させてしまう。

だからこそ、完璧さにこだわらないハイパフォーマーのほうが成果があがりやすい。そういう意味では、ハイパフォーマーは、完璧主義ではなく〝十分主義〟とも言える。
ラモン・リュイ大学ＥＳＡＤＥビジネススクールのアンナ・カルメラ・Ｇ・オカンポらは、完璧主義が仕事にもたらす負の影響に関する論文の中で、「結局のところ、散発的に完璧（perfect）であるより、常に十分（good enough）であるほうが、仕事でのパフォーマンスは向上し、幸せにもなれる」と結論づけている。※8
しかし、ここで重要なことは、〝十分主義〟の「十分（ほどよい、good enough）」の意味である。勘違いしやすいが、先述したような仕事の手を抜くということではない。逃げの姿勢で仕事をするのではない。そうすると、ますます苦しくなる。長時間労働はやめるということ、そして完璧を求めすぎないということだ。
ハイパフォーマーは、高業績パターンができている。どういう場面で、どんな行動を発揮することが成果につながるかわかっている。成果を出せるコンピテンシーを有している。成果をあげてくる中で培ってきたのだ。ポイントを押さえているので、要領がいいと映る。完璧主義ではない。こうすることで、仕事を人生の中心としない働き方ができているようだ。

「自分に合った仕事」への違和感

パフォーマンスに関する注意を要する点の2つ目は「急ぎすぎる」だが、これは若い人たちにしばしば見られる傾向である。

やりがいを感じられないのは、「仕事が自分に合ってないから」と簡単に切り捨ててしまう風潮が若い人たちの間で見られる。

「いまの仕事は自分に（当人に）合っていない」「自分に（当人に）合った仕事に就いていない」というように、「自分に合った仕事」という言い方を最近多く耳にする。耳にするたびに、何とも言えない違和感を覚える。

たとえば、パネルディスカッションなどでそのフレーズが出ると、どうにも引っかかって、その先に思考が進まなくなってしまうくらいだ。そのように言う人とは根本思想が異なるので、折り合うところが見つからないのではないかと思ってしまうのだ。

それくらい根幹に関わることだが、それだけに、「自分に合った仕事」というフレーズを口にする人にとっては、何の疑いも持たない当然のことなのだろう。

以前は転職を考える20代の人から聞かれることはあったが、昨今は30代からも、場合によっては40代の人からも聞くことが増えた。40代の人が口にするのを聞くと、正直、「え、そっち側なの?」というような、何か裏切られたかのような感じを覚えなくもない。

「自分=不変」という前提を疑わない人々の矛盾

なぜこの言葉が引っかかるかといえば、「自分に合った仕事」というのは、自分のほうが固定されていて、仕事のほうが可変という前提があるからだ。

「自分は仕事のほうに合わせてはいかないので、仕事のほうで自分に合わせてきてね」と言っているようなものだ。どこかに、自分の強みがとても活かされ、さほど努力や苦労をしなくても、楽に成果をあげられ、達成感ややりがいを感じられる仕事があるに違いないと思っているのだろう。

「適職」や「天職」という言葉も同様に多く使われるようになってきた。これらの言葉が幻想を抱かせる一因となっているのかもしれない。「適職」という考え方は、適性の度合いを指しているものであって、ピッタリの仕事があると言っているものではない。

「天職」にしても、その仕事に出会った瞬間に、これは自分にとって「天職」だと思うことはまずない。長年やっていく中で、最終的にそのような感慨に至るものであるはずだ。

いつか自分にとっての「天職」になっていく、という考えならば、それは望ましいが、それを急ぎすぎると、青い鳥を探して転職を繰り返してしまいかねない。ある仕事に就いて、少しでもつらい思いや悔しい思いをすると、「この仕事は自分に合っていない」とすぐに切り捨ててしまいがちになる。

すぐに成果があがって、周囲からも賞賛されることはあり得ないので、いわゆる「下積み」という期間はどんな仕事にとっても必要だ。「この仕事で一人前になるにはどれくらいかかりますか?」と聞いてみると、あまり複雑ではない業務であっても、「最低3年から5年」という返答をもらうことが多い。「石の上にも三年」である。

しかし、「自分に合った仕事」幻想を抱いている人にとっては、3年はとても長い期間に思えるのではないだろうか。

理想の仕事を見つけるまで探し続けることは、「精神的・肉体的な疲労への道標だ」と、米「アトランティック」誌編集主任のデレク・トンプソンは言う。「商品はあまりにも魅力的だが、手に入れるのが非常に難しい悪魔的なゲームであり、勝てる者がほとんどいないにもかかわらず、ずっと参加しなければならないと人々に思い込ませている」と。

仮に好きな仕事を見つけることができた人にとっても、それが理想的なものであり続けるという期待は失望への第一歩だ。

自分に合った仕事への「近道」の探求が回り道

どんなに魅力的に映る仕事でも、当然影の部分はある。地道な作業や報告書類の作成・提出などのルーティン、雑務など、つらく感じる業務は当然あるのだ。そうした業務が大半を占めているといってもいいかもしれない。

たとえば、コンサルティング業なども、それなりに華やかそうに見えるかもしれない。企業にアドバイスをしたり、セミナーや講演会で話をしたり、雑誌に寄稿したり、本を書いたりなど、外に見えている部分は派手に映る。

しかし、仕事の大部分は、ひたすらデータの分析をしていたり、レポートの作成をしていたり、もちろん雑務も多くある。だから、華やかな面ばかりイメージして、幻想を抱いてコンサルティング会社に入社した人などは、数カ月で辞めていくことも多い。

また、旅行会社やホテル、ブライダル関係の仕事なども同様だ。客の立場から見れば、楽しそうとか、きらびやかという印象だが、ハレの場の仕事ほど過酷なものだ。

実際に、宿泊業や飲食業、ウェディングプランナーなどのサービス業は、他業界に比べて突出して離職率が高い。

どんな仕事でも、その仕事でなんとか高い成果をあげようと努力する中で能力が開花するものだし、新たな自分を発見することができるのだ。そして、次なる道が開けるわけである。

営業職のハイパフォーマーから、「営業の仕事だけはどうしても気が向かず、やりたくなかったが、やってみたら意外にも向いていて、やるごとにどんどん面白さがわかってきた」と聞くことは本当に多い。

営業職などは、若い人は敬遠しがちな仕事なのかもしれない。しかし実際には、喜びも悲しみも、他者との関係の中で生まれるという側面が色濃くあるので、とても人間的に成長できる仕事なのだ。しかし、一朝一夕にはいかない。その仕事の面白さがわかるのも、成長できるのも、最低3年から5年やり続けた結果なのだ。

しかし、「自分に合った仕事」幻想を抱き、キャリア上の忍耐がなくなってしまうと、それが回り道のように感じてしまい、近道探しをしてしまいがちになる。

実際には、青い鳥探しをしている期間こそが回り道であり、ウェルビーイングを低下させることになるのだ。

手っ取り早い自己戦力化を望んではいけない

会社に入れば、能力開発の機会や教材などが用意されていて、貢献度の高い人材に育ててもらえると思っている学生も多いようだ。それがないとなると、早速に理想と現実にギャップを感じ、それだけで期待した会社ではなかったと落胆したりもするという。

金沢大学教授の金間大介は、背景には知識やスキル、能力の取得に対する「ファスト化」があるという（『静かに退職する若者たち』ＰＨＰ）。

金間が紹介している『ファスト教養――10分で答えが欲しい人たち』（集英社新書）という本では、若者を中心とした教養の取得に対するファスト化、つまり、手っ取り早く仕事に役立つ教養を身につけたい若者が増えていると主張している。学生が多く聞く質問に、「どんな資格を取っておくといいと思いますか？」というものがあると金間は言う。

資格の取得によって差別化を図ることができ、重用されると考えてのことであろう。しかし、これは職人的な働き方とは正反対にある発想だ。

手っ取り早く身につけられる知識は、仕事の助けになることはあるかもしれないが、成果を左右することはない、ということは社会人であれば皆わかっている。

仕事を通して、長年かかって養われる技能やコンピテンシーこそが、成果を左右する要素となり、他者との差別化を可能とするのだ。

最近はコスパならぬタイパという言葉がZ世代の間で言われるようになった。タイムパフォーマンスのことだが、無駄な努力をせず、時間効率高くやっていきたいという思いが強いようだ。

金間は、日本能率協会の「2022年度 新入社員意識調査」において、理想的だと思う上司や先輩について、どの時代においても「仕事について丁寧な指導をする上司・先輩」が1位ということ、「場合によっては叱ってくれる」や「仕事の結果に対する情熱を持っている」上司・先輩の支持率が急降下していること、「仕事を任せて見守る」が最下位であることなどを分析した結果、最近における「理想の上司・先輩像」には結論が出ているとし、以下のように総括している。
①仕事について丁寧に教えてくれて
②若者の意見や要望に対し（聞いてくれるだけではなく）自ら動いてくれて
③いかなる場合でも叱るなんてとんでもなく
④仕事の結果に決して情熱など持たず
⑤仕事を振っておいて見守るだけなんてあり得ない
⑥ついでに、友だち感覚で「ご飯行こう」とかはなし

このような上司・先輩が求められているようだ。

転職サイトのコピーがひどすぎる

なぜ、このような思考になってしまうのか。一つの原因として、社会に流布している言説の影響もあるように思われる。たとえば、転職サイトのコピーだ。若手会社員のアイデンティティの形成に非常によくない影響を与えると思うのだ。

転職サイト運営会社のメッセージをすべて真に受けて、自分の中に刷り込んでしまい、再発信してしまうことになりかねない。

入社2、3年というような若手に分別を求めるのは酷であろう。私自身、その頃は何らの定見も持っておらず、そうした言説を鵜呑みにしていたに違いない。

転職サイトが会社員に向けて発するコピーには、次のようなものがある。再発信しているわけではない。あくまで、真に受けないでほしいと思い示している。

「今の仕事に満足していますか？」
「キャリアアップのチャンスを逃さないで」
「もっと自由な働き方を実現しませんか？」

「理想のワークライフバランスを手に入れるチャンス」
「あなたのスキル、もっと高く評価されるべきです」
「転職で収入アップを実現しよう」
「今よりも高い給与、魅力的な福利厚生が待っています」
「本当にやりがいを感じる仕事に出会う」
「仕事に対する満足感を追求しよう」
「ストレスフリーな職場を探そう」
「成長を感じられないなら、次のステージへ」
「業界の最新トレンドに乗り遅れないために」

実際に転職をする人は少数派であったとしても、転職情報を収集している人はその何倍もいる。情報収集しなくても勝手に目に入ってくるほど巷にあふれている。

結果として、ほとんどの人が意識せずとも影響を受けている状況にあるに違いなく、その状況こそが問題として大きいと思われる。仕事をしながらも常にそうしたコピーの文言が頭の中でリフレインしているような状態にある場合、ちょっとしたことでそちらの論調に流れてしまい、現在の職場への不満につながってしまうのではないかと心配になる。

「ほどほど社員」から始まった会社員人生

ウェルビーイングに関して、ヘドニック・ウェルビーイング（快楽的な幸福）とユーダイモニック・ウェルビーイング（有意義的な幸福）とがあり、両方が満たされてはじめて生活全体のウェルビーイングが高まるということを述べた。

一般的には、ヘドニックとしてのウェルビーイングを想定することが多いと思われるので、ヘドニックとしてのウェルビーイングは高くても、ユーダイモニックとしてのウェルビーイングは低い状態から始まったというケースを身近なところから紹介したい。

大学時代の友人のO君は、リーダーの典型のような人物という印象があった。しかし、社会人となった当初はそうした面はすっかり影を潜め、別人のように振る舞っていた、とだいぶ後になってから聞いた。

O君は、中学・高校は生徒会長で、部活動の部長を務め、大学でもサークルの代表、ゼミのゼミ長など、機会があるたびにリーダーの経験をしてきた。中学校で「リーダーに向いている」と先生から言われたことがきっかけだった。

自分でも目立つことが好きで、集団に属する以上、誰かについていくのではなく、自分が皆を引っ張っていきたいと思ってきた。もちろんたいへんなことも多かったが、周囲から一目置かれるし、自分としてはそういった立場が自然に感じられた。

しかし、大学でのゼミ長の役割がかなりしんどかったこともあり、リーダー疲れのような状態になり、結構手こずってしまった卒論の作業の最中には、ゼミ生から寄せられる諸々の相談ごとに、「何もかも頼ってこないでくれ」と思うようになった。リーダーという立場に愛想が尽きていた。

決定的だったのは、自分が第一志望としていた企業には受からず、同じゼミのメンバーの一人がその企業に受かったことだった。「リーダーなんてやっても、皆の世話係のようなもので、いいことないな、苦労しても得はないな」との思いを強くした。

この時はじめてリーダーを務めることを損得で考えた。第一志望の企業に入れなかったこともあり、「これからはあまり張り切りすぎずに、ほどほどにやっていこう」と決意して社会人生活をスタートさせた。

某大手損害保険会社に入社し、同期となる新入社員は約400名、うち100名弱が本社勤務となった。成績で言えば、そのうちの5名くらいがトップグループ、20名くらいが2番手グループ。O君は、30名くらいいる3番手グループに入っていた。2番手グループが最も熾烈な戦いをしており、足の引っ張り合いも日常茶飯事だった。

3番手グループは逆に互いに関係性が良く、同期と最も多く飲みに行っていたのもこのグループだった。それなりに居心地は良かった。上司からも周囲からもそれほど期待されていないので、仕事は比較的楽で、残業も少なく、余裕のある生活ができていた。

大手損保会社だけあって、給料もそこそこ良く、これくらい楽をさせてもらって、これくらい給料をもらえるのは恵まれているとさえ思った。能ある鷹は爪を隠すといった感じで自己満足しつつ、のんびりやっていた。

それなりに楽しく、楽にやっていたが、3年目に入ったくらいから、「本当にこれでいいのか」と違和感を持つようになり、「ほどほど」が妙に板についてきてしまったことへの焦りも覚えるようになった。トップグループや2番手グループの数人が先に昇格し、急に遠い存在になったように感じた。

仕事に邁進して得られたウェルビーイング

4年目に入った頃には、O君の違和感は限界に達し、このまま実力を発揮せずにほどほどにやっていったら、それ以上のことができなくなってしまうかもしれない、という焦燥感に駆られるようになった。本来の自分を取り戻す必要があると思った。

それからはイレギュラーで発生した仕事、「誰かやってくれるか」というようなことにことごとく手を挙げ、テキパキとこなした。課長に頼りにされるようになるまでに時間はかからなかった。

その変貌ぶりに、2番手グループの同期たちは警戒感を強め、良からぬ噂まで立てられもした。しかし、2番手グループなど一気に抜き去ってやると決めていたので、気にも留めずに邁進した。これまでよく飲みに行っていた3番手グループの同期たちは何かしら寂しげな眼差しで見るようになった。それでも協力的だったのはありがたかった。

1番手グループの人たちは余裕があるのか、「おれたちの仲間か？」という感じで話しかけてくれるようになった。

そんなある時、業務システムの導入プロジェクトのリーダーを任された。リーダーシップの発揮の仕方は身体が憶えていた。関係者を特定し、それぞれの関係性も早々に把握し、誰をどういう順序で巻き込めばよいか、どのタイミングで課長に報告すべきかなど、勘所はすべて押さえて、周囲の期待を上回るスピードで物事を進めた。他メンバーのフォローも完璧にこなした。おそらく課長は安心して見ていられたことだろう。ここでの活躍が評判を決定づけることとなった。

最も大きく変わったのは、他部署の人たちに名前が売れたことだった。他部署の先輩社員が来た時に、ああ君がO君か、君には伝えておいたほうがいいと思うけど……というように重要な情報を共有してもらえることもあった。

また、他部署に何かを依頼する際に、これまでは「上を通してくれ」とにべもなく言われることが多かったが、名が知れて以降は課長を通さなくても、他部署の課長クラスの人たちと直接話ができるようになった。

当然、事務の派遣スタッフなども、こちらから言わなくても自分からの依頼を優先的に処理してくれた。「パフォーマンスをあげているとこんなにも仕事がしやすいものか」と思った。

さすがに、ほどほど社員であった頃よりは残業は増えたが、仕事がしやすくなり生産性が高まったことで、負担になるほどの残業ではなく、プライベートを犠牲にしなければならないようなことはなかった。

極めつきは――たいへん昭和らしいが――本部長の推薦で、ある経済団体の幹部の娘と結婚することになったことだった。それ以降は、その人脈も使えるようになり、さらに広範囲に行動できるようになった。他社との連携などについて、役員から直接依頼が来るようなこともあった。30代前半にはMBA留学もし、帰国後2年目に若くして課長になった。

「あのままほどほど社員でいたとしたら、今ごろどんな風だったろうか」と、当時を懐かしく思い出すとともに、あの頃は何か自分ではなかったような気もする。部下たちにこのことを話すことはあったが、誰もそれが本当の話だとは信じなかった。

結局O君は、ヘドニックとしてのウェルビーイングだけでは充足感を得ることができず、全体としてのウェルビーイングは高まらなかったわけだ。途中から本来の実力を発揮して熱心に働き、パフォーマンスをあげたことで、ユーダイモニックとしてのウェルビーイングが向上し、全体のウェルビーイングも高い状態となったのだ。

第2章

「静かな退職」を、絶対に避けるべき理由

世界の労働者の6割が、「静かな退職」の状態にある

前章において、ウェルビーイングを高めるには、仕事で高いパフォーマンスをあげることが不可欠な条件であり、「ウェルビーイングよりもパフォーマンスが先である」と述べた。しかし、困ったことに、こうした方向とは逆の流れが全世界的に起こっている。「反労働」と言われる、仕事に背を向ける機運である。

自分の時間やエネルギーを人生の他の面にもっと注ぎたいという思想が根本にある。この流れがどのようにして起こったのか、また、この方向がはたしてウェルビーイングにとってどのように作用するのか。まずは、「反労働」の一つの典型としての「静かな退職（Quiet Quitting）」について見ていきたい。

静かな「退職」といっても実際に会社を辞めるのではなく、会社に属しながら必要最低限の仕事しかせず、あたかも退職したかのような精神的余裕を持って働こうとすることを指す。

「反労働」の潮流の典型的な例として、近年、世界的な広がりを見せている。中国では「タンピン（寝そべり）」という言葉で表現される。

これまでは、働く人にとっては、仕事がすべてで、アイデンティティそのものであった

が、成果や生産性に過度に執着する企業の論理に対する反発とも言えるだろう。

コロナ禍で、働く人の多くが一斉に内省状態に入り、一度きりの人生、このままでいいのだろうかと考え、生活の優先順位の見直しが行われたのが、こうした機運の直接的なきっかけとなったと考えられる。

「仕事のない人生を最大限活用しよう。労働を終焉させよう」。米インターネット掲示板「Reddit」では、「アンチワーク（反労働）」を呼びかける投稿ページの登録者が2020年の約8万人から22年には25倍の約200万人に急増した。コロナ禍を機に、欧米では明らかに仕事に対する価値観の変容が起こっているのだ。

米ゴールドマン・サックス社は2021年に発表した調査報告書で、「反労働」の風潮が働き手の減少につながる「長期的リスク」だと危機感を示した。「働く人々の考え方やライフスタイルが変化した可能性がある」としている。21年4月以降、アメリカではほぼ毎月400万人以上が仕事を辞めた。※1

このトレンドは一時的なものではないとの指摘もある。ハーバード・ビジネススクール教授のジョセフ・B・フラーは「大離職時代と言われているが、過去10年間の雇用データに照らせば、コロナ禍による短期的な混乱ではなく、長期的トレンドが続いてきた結果であることがわかる」と述べている。※2

ギャラップ社が160カ国12万人以上の労働者を対象に、2022年から23年にかけて行った調査によると、世界の労働者の59％が「静かな退職」の状態にある。その損失コストは世界中で8兆8000万ドル（約1250兆円）にものぼると見積もられている。これは、世界のGDPの9％を占める。

また、「静かな退職」を支持する人は多岐にわたるが、その中核を成すのはZ世代に属する知識労働者たちだ。この事実は諸所の調査データで裏づけられている。

最近のギャラップ社のアメリカでの調査によると、「積極的に仕事をしない」と回答した労働者のうち、最大のグループは1990年以降に生まれた人々だ。ただし、このあたりの事情は日本ではだいぶ異なっているようである。この点については後述する。

「それでも辞めない」ことで問題を大きくする

「静かな退職」などの「反労働」の意識は、人生における仕事のウェートがあまりに高くなっていることへの反発の側面が強いと思われる。

平日5日間の活動時間の大半を、通勤を含めた仕事時間が占めている。残業が多ければ、それ以外の活動時間は微々たるものとなる。人間関係についても、友だちなどプライベートの関係はどんどん少なくなり、気がつけば仕事がらみばかりになる。

平日は、職場の同僚と多くの時間を過ごす一方で、家族とは、就寝前と起床後のわずかな時間を共に過ごすだけ。思わず、「仕事をするために生きているのではない」と言いたくなるのも致し方ない。

「静かな退職」は、気持ちが会社や仕事から離れ、仕事に対する情熱をなくしていく状態だ。契約上決められた範囲内の必要最低限の仕事しかしない勤務態度を指す。

これはホワイトカラーに限定された現象である。ラインワーカーとは違い、ホワイトカラーの場合、自らのエネルギーをどの程度仕事に注ぎ込むかは当人の判断に委ねられることが多いため、このような働き方が選択可能となるのだ。

アメリカを中心に「静かな退職」は注目を集め、人々は仕事とプライベートを明確に線引きし、やりがいや自己実現は求めず、「仕事は仕事」と割り切って働く。「頑張りすぎない働き方」などとも表現される。

静かな退職は、拙著、『職場の「感情」論』（日本経済新聞出版）で述べた、職場に対してそっぽを向いている「職場難民」とも重なる。突出した不満もなければ熱意もない、冷めた人たちだ。皆さんの周りにもいないだろうか。以下がその兆候だ。

・会議でいっさい発言をしない
・毎日定時出社、定時退社
・自分からはあいさつしない
・飲み会などのイベントには参加しない
・他者の業務や状況には無関心
・提出物は常に納期ぎりぎりで提出する

よくある「総論賛成・各論反対」も同列にある。総論の段階ではまだ業務が具体化していないので、賛成しても自らに火の粉が降りかからない。しかし、各論の段階になると、業務として現実味を帯びてくる。賛成すれば、自らに責任が生じるなど、影響が及ぶ可能性が高まる。そのため、労力を割きたくない人は、前向きな反応を示さない。

会社に愛着がなく、仕事に熱意がないのであれば、退職すればよさそうなものだが、そのつもりがない点が、企業や投資家にとって問題を大きくしている。プライベートを充実させるためにも、生計は安定させたい、それゆえ会社は辞めない、という判断だ。

生計を立てる手段は他にもあるが、会社に所属するのが最も現実的であり、安定的であり、楽なのだ。

もちろん、企業側にとっては大きな問題だ。企業は——悪い言い方をすれば「搾取の論理」だが——従業員が「給料以上」の貢献をすることで成り立っている。それではじめて利益が確保でき、存続できる。

だから、従業員が給料相当分しか働かない、あるいはそれ以下の貢献しかしないとなると、成り立たなくなってしまうのだ。

「静かな退職」が生まれる4つの原因

「静かな退職」が生まれる原因について整理しておこう。それは次のようなものだ。

▼仕事に対する意識の変化

近年、コロナ禍などの影響もあり、働く人の価値観が、仕事中心の人生からの脱却の方向へとシフトしつつある。

特にZ世代など若者を中心に、ワークライフバランスやタイパ（タイムパフォーマンス）を重視し、プライベートも充実させたいと考える人が増えている。また、大企業でも安定が保証されなくなり、長期的なキャリアプランが描きにくくなったことも一因と考えられる。

▼燃え尽き（バーンアウト）

プライベートを犠牲にして頑張っても見返りは少なく、働きすぎによるメンタル不調なども増加する中、「頑張っても報われない」という認識が生まれ、無理して頑張らなくてもいいと考える人が増えている。

中には、生活のペースが速くなり過ぎ、燃え尽きそうな状況の中で、自分の時間を取り戻そうとする人もいる。

▼職場に対する不満

リモートワークで組織とのつながりを感じづらくなったことなどもあり、職場の環境や人間関係への不満がきっかけとなって、仕事への情熱を失った結果、最低限の仕事しかしたくなくなることもある。

相互不信もあるだろう。認められ、期待され、任せられれば頑張るが、認められず、期待されず、監視されたら、必要最低限のことだけやろう、あるいは、やっているふりをしようと思うに違いない。

▼生計を立てる手段が多様化している

生計を立てるには「サラリーマン」しか選択肢がなかった時代ではなく、昨今は副業や資産運用という手段もある。選択肢が多様になったことも、会社への帰属意識を希薄化させる要因となっている。

「静かな退職」の防止・改善が課題

当然、「静かな退職」は、企業にとって、生産性を低下させ、組織成果を低下させる。また、モチベーションが低い人が増えれば、業務も改善されなくなる。

個人と組織の成果の低下にとどまらず、組織風土を悪化させ、組織の成果志向性を著しく低下させる。

長年かけて「学び合う文化」を醸成してきた企業も「静かな退職」者の増加によって組織文化は崩壊へと向かう。組織は疲弊し、創造性の発揮やコラボレーションは失われる。場合によっては、さらに「静かな退職」者を増殖させる。

「静かな退職」を決め込む人が増えれば、モチベーションが高かった人も、頑張るのが馬鹿馬鹿しくなり、「頑張った者が馬鹿を見る」という、組織として最も避けるべき風土が根づいてしまいかねない。結果として、優秀な人材の流出にもつながる可能性がある。アメリカのあるウェブサイトは、さまざまな業種の正社員1005名を対象としたアメリカ全国の調査で、「回答者の62％が『静かな退職』に対して怒っている」と指摘している。その調査では57％の回答者が、『静かな退職』をしている同僚に気づいた」そうで、気づいた人の全員が、「そのためにより多くの仕事を引き受けなければならなくなった」と述べたそうだ。※3

企業にとって「静かな退職」の防止・改善は喫緊の課題となっているのだ。

日本でも「反労働」感情を持つ人が増えている

もともと日本には勤勉倫理があり、熱心に働くことが推奨されてきた。

しかし、近年は仕事に対するネガティブな感情が増大してきている。これには時代背景や社会・経済的な要因が関連する。戦後から時系列で簡単に振り返ると以下のような流れがある。

▼**高度経済成長期**

仕事に対する熱意と勤勉さが評価された。この時期、企業戦士としての献身的な働き方が多く見られた。

▼**バブル経済期**

仕事を通じた成功と高収入が期待され、働くことに対する意欲が高まり、長時間労働が一般化した。

▼**バブル崩壊とその後の不況**

多くの企業がリストラや賃金カットを余儀なくされた。この時期から、終身雇用や年功序列の崩壊が始まった。

▼**失われた30年**

長時間労働や過労が社会問題となり、働きすぎによるメンタル上の問題が増加した。特に、そのまま英語にもなった「過労死（Karoshi）」が注目されるようになった。多くの労働者が仕事と私生活のバランス（ワークライフバランス）をとることが難しいと感じ、企業主導で働き方改革が進められた。

また、非正規雇用の増加により、個人生活の安定とともに職場の安定性も低下した。個人は正社員としての雇用が保証されないため、将来への不安が高まった。

その間、経済成長が停滞し、賃金上昇が停滞する一方、物価の上昇が上回り、生活難が進んだ。

「失われた30年」というのは、経済の長期停滞を指すが、より具体的には、経済成長による賃金上昇や物価上昇が失われたとも言える。

また、この間に仕事に対するネガティブな感情が増大し、勤勉倫理が失われた面もある。戦後、企業社会が始まった頃の、仕事に対する熱意や勤勉さを求める企業側の論理は変わらぬまま、個人の置かれた状況は時代とともに厳しいものとなり、会社と個人との間に心理的な距離が広がる状況となっている。

このような経緯から、日本でも「反労働」の機運が高まってきたのは間違いないだろう。

「企業の将来像」に興味を持たない従業員たち

近年、「パーパス経営」という言葉が広がってきた。企業は「ビジョン」ではなく、

「パーパス」を打ち出すようになった。

パーパス経営が広がってきた背景としては、「反労働」の潮流があると思われる。つまり、会社と個人との距離が広がったことが関係していると考えられる。

ビジョンとは「企業の将来像」である。企業を主語にしてしまうと、会社ではなく社会の役に立ちたいと思っている若者の反発を招く可能性がある。そもそも、その企業で長く働くと思っていない従業員は、「企業の将来像」に関心はない。

そこで、企業の「ビジョン」ではなく、社会への貢献を明確にする「パーパス」を前面に据えるようになってきているのだ。

かつてソニーは、「デジタル・ドリーム・キッズ」というスローガンを大々的に打ち出していた。自分たちが新しい技術環境に目を輝かす「デジタル・ドリーム・キッズ」であるべきだという、熱い思いが込められたものだ。それを代表する商品として、「ａｉｂｏ」や「ＰｌａｙＳｔａｔｉｏｎ」があった。しかし、これは自分たちを主語としたものである。

２０１９年に、「クリエイティビティとテクノロジーの力で、世界を感動で満たす。」というパーパスを打ち出した。これは８割の従業員に支持されているという。

会社への愛着や思い入れは、日本人が世界で最低

では日本には、どれくらいの「静かな退職」者がいるのであろうか。

まずは端的に、企業にエンゲージしていない（愛着や思い入れを持っていない）人は「静かな退職」をしている、と位置づけて測ったケースを見てみよう。

第1章でも示したが、米ギャラップ社は毎年、世界各国でエンゲージメントという考え方を用いた「グローバル職場環境調査」のデータを発表している。エンゲージメントは、従業員が仕事に対してどれだけ情熱を持ち、仕事に没頭し、さらに充実感を感じているかを表す指標である。

エンゲージメントが高い人は、仕事から活力を得て生き生きとしており、仕事に誇りとやりがいを感じて熱心に取り組むとされている。

従業員の企業に対する貢献意欲や業績の向上につながるため、企業のみならず、投資家もエンゲージメントに注目している。

「静かな退職」状態にある人は、エンゲージメントが低い。つまり、愛社心とも言えるエンゲージメントが低下する状況は、組織と距離を置く態度である「静かな退職」と近い状態であると解釈できる。

ギャラップ社は回答により、「エンゲージしている」「エンゲージしていない」「まったくエンゲージしていない」の3つに分類しており、「エンゲージしていない」に該当する人が「静かな退職」に相当するとしている。

第1章で示した2023年調査結果によると、「静かな退職」者の割合は、OECD加盟国の労働者の約6割強となっており、中でも日本は、他国を上回る約7割強となっている。アメリカを中心に広がる「静かな退職」だが、データ上は日本のほうが多いのだ。

惰性で仕事をする40代、50代が増える理由

他の調査も見よう。企業向け調査を行う米系企業のクアルトリクス社は2023年2月に、「従業員エクスペリエンストレンド」を発表した。

調査では、仕事に対する熱意を失い、与えられた以上の仕事をしないが会社を辞めるつもりはない「静かな退職」と呼ぶ状態の社員が、日本において15%いるとした。算出基準が違うので、ギャラップ社の調査結果とは大きな開きがあるが、それでも企業経営者にとってはかなり衝撃的な数値である（図表2－1）。

今回の調査は、世界27カ国で正規雇用されている2万8808人（うち日本2014人）を

対象に実施したグローバル調査と、日本独自で4157人に実施した調査をベースに、従業員エンゲージメントや継続勤務意向への意識などをまとめたものだ。この調査では、「自発的貢献意欲」が低いものの「継続勤務意向」が高い人を「『静かな退職』状態にある人」と分類している。

年齢別に見ると、日本では中高年層が多くを占めている（図表2－2）。

前述のとおり、アメリカでは主に若者の間で広がった言葉だが、日本では40代、50代に多く、役職別では「一般社員（非管理職）」に多く、人間関係は「孤立」しており、業績は「ローパフォーマー」に分類される人が多いという結果となっている。

日本ではZ世代など若い層の問題ではなく、いわゆる「働かないおじさん」の姿に重なることがわかったのだ。

若手社員のロールモデルとなるべき先輩社員がやる気を失ってしまっている。その姿を見て、早々に「静かな退職」を選択する若者が出てきてもおかしくはない状況にある。

日本企業では、大手企業をはじめとして、役職定年という制度がある。一定の年齢に達すると、役職を返上するという制度だ。

役職定年の基準を55歳とする企業が多いようだが、52歳や50歳という例もある。この制度の存在により、多くの企業では、50代、60代の「一般社員」が多い。

図表2-1　日本の「静かな退職」層は15％

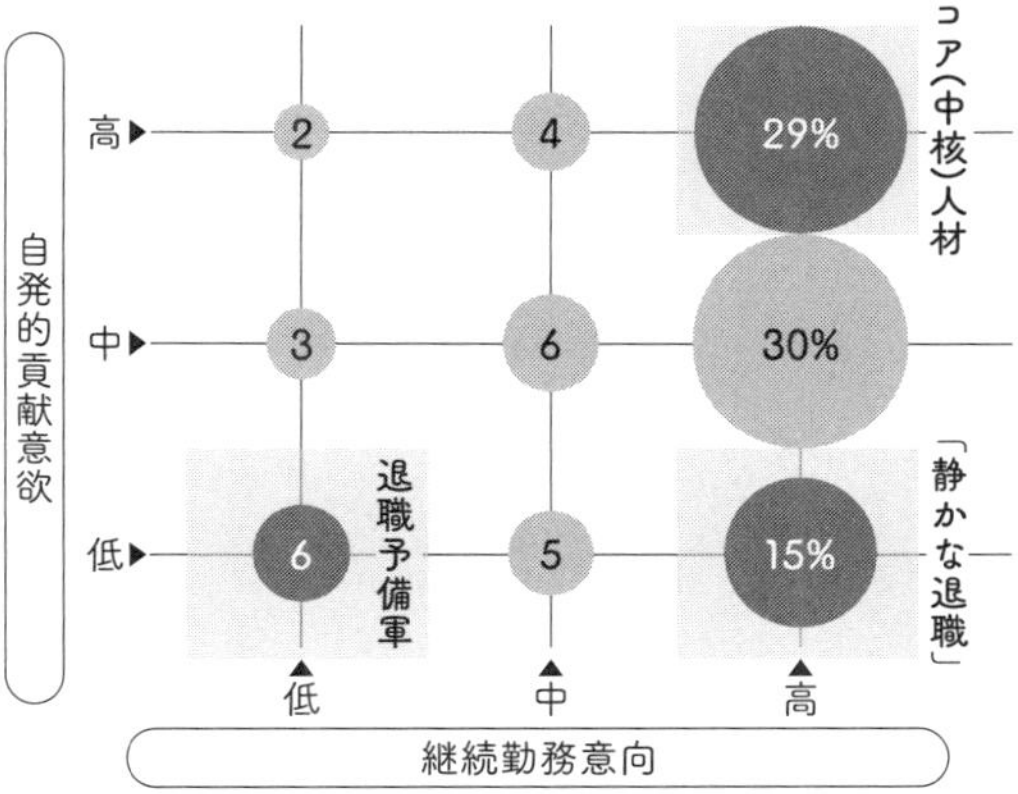

注：クアルトリクスの「働く人の意識調査」を基に作成、対象は日本で 正社員として雇用されている18歳以上の就業者。回答者全体を 100%としたときの構成比
出所：日経産業新聞2023年6月17日

図表2-2　誰が「静かな退職」をしているのか

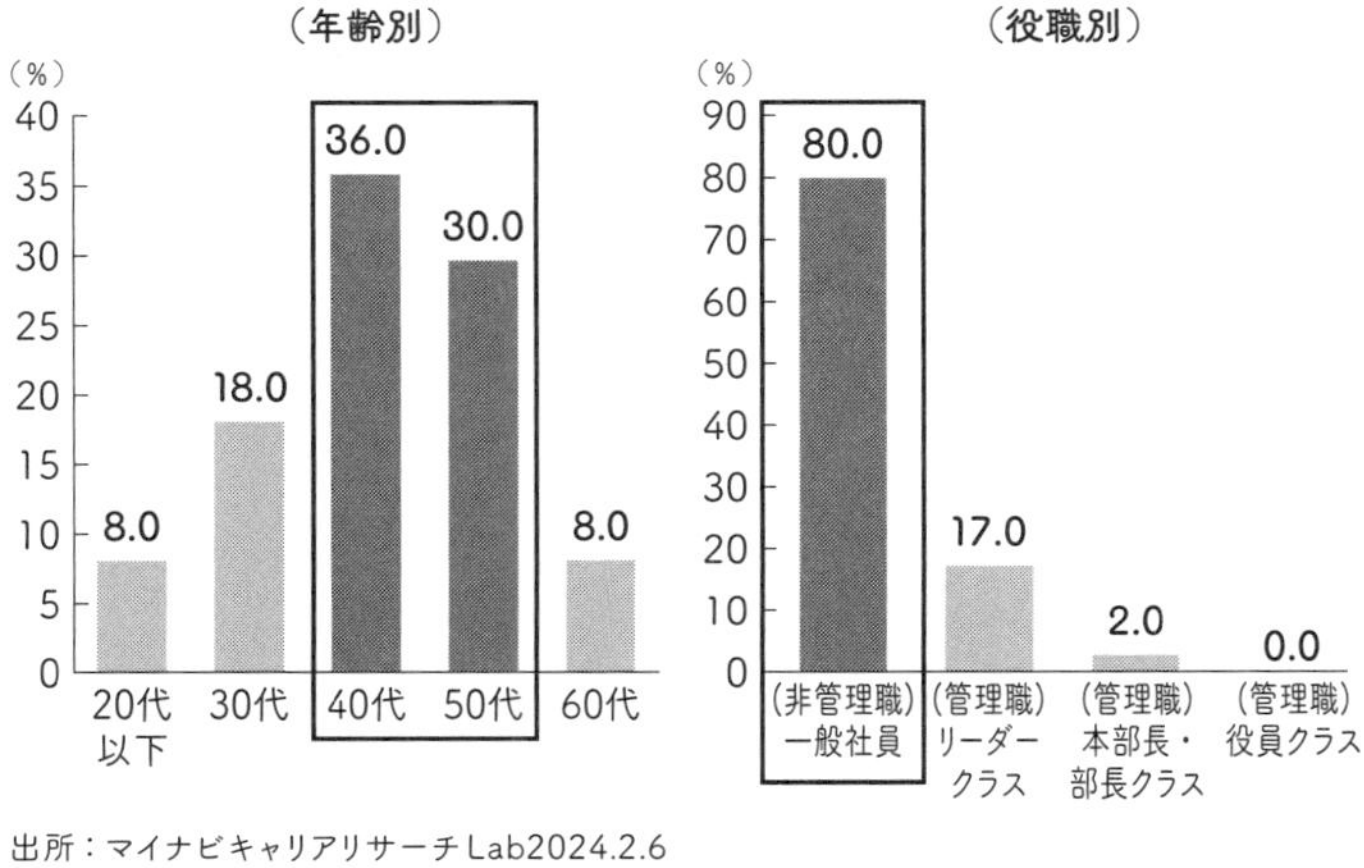

出所：マイナビキャリアリサーチLab2024.2.6

そうした人たちが惰性で仕事をしているのを見て、40代の役職者は、自分の将来に思いをはせてやる気をなくす。また、やる気のない上司を見て、若手社員も早くからやる気を失う――。まさに悪循環である。

調査では「現在の勤務先で働くことを誇りに思う」という問いに肯定的な回答は全体では39%なのに、「静かな退職」者層の肯定的回答は8%、「仕事で活力を得ている」への肯定的回答も著しく低かった。

さらに、「退職予備軍」との比較において、問題の大きさが判明している。

「自発的貢献意欲」も「継続勤務意向」も低い人は「退職予備軍」と位置付けられている。静かな退職の予備軍ではなく、継続勤務意向も低く、実際に会社を辞める可能性の高い人たちである。

「新しいスキルや知識を身につけようとしている」、「習得したスキルや知識をさらに深めようとしている」、「将来のキャリアに関して具体的な目標を持っている」といった項目で、「静かな退職」者よりも「退職予備軍」のほうが肯定的回答率は大幅に高いのだ。

転職を考えている場合は、少しでも能力向上を図ろうとする意欲はあるが、「静かな退職」者の場合はそうした意欲はない。

現状のまま、これまでの延長線上で、やるべき最低限のことを粛々とやろうとするので、現状以上の知識やスキルは必要ないのだ。

むしろ、新たな能力を開発するような時間も労力も割きたくないという状況にある。キャリア上の目標もなく、意欲もなく、向上心もないという、会社にとってはたいへん困った状態にあることがわかる。

「静かな退職」は、会社だけではなく本人にも悪影響

いったん、「静かな退職」状態になると離脱は難しくなり、退職もしにくい状態に陥るとされている。

必要最低限の仕事しかしないので楽であり、わずらわしい人間関係にからめ捕られることもなく、プライベートを充実させる時間が確保できる。また、新たなチャレンジをしないので、失敗もなく、変化の少ない安定した環境で働くことができる。

しかし、こうした状態で働くことが本当に当人にとって望ましいことなのだろうか。

必要最低限の業務しか行わなければ、他の社員の負担は増える。日本企業のように、各人の責任や役割範囲が明確でない場合、なおさらそうだろう。

役割があいまいな組織ほど、相互関係で成り立っているから、協調的な態度をとれなけ

れば、周囲の不公平感や不信感を招き、居心地も悪くなる。場合によっては孤立しかねない。

職場での孤立がストレスにならないわけはない。

ギャラップ社の調査で、興味深い結果が見られた。仕事への打ち込み度合いの低さと反比例するように、職場におけるストレスレベルが高まっているのだ。

同調査における職場でのストレスレベルに関しての質問では、44％もの人が「前日の仕事の影響で、一日の大半でストレスを感じている」と回答している。

また、リコー経済社会研究所の「注目を集める『静かな退職』」というレポートでは、オーストラリア公認会計士協会のジャネク・ラトナトゥンガCEOの、「新しい仕事を余計なものとして避けてばかりいると、試練を乗り越えるという経験ができず、逃げ癖がついてしまう」という言葉を紹介している。

ラトナトゥンガは、さらに「そうした行動様式は、私生活にも影響を及ぼし得る」として自己効力感の低下、さらに自己嫌悪に陥る可能性を指摘している、という。※4
結局、「静かな退職」によって、余裕をもって働いているつもりでも、逆にストレスが増している可能性が高いということだ。

仕事をする場にいながら仕事に打ち込まないのは、矛盾を抱えた状態だ。

多くの社会人は生活の大半の時間を仕事に充てている。その仕事に対して、やりがいを求めないことはあり得るのだろうか。

矛盾を抱えた状態がストレスにつながり、「ボアアウト（Bore out＝退屈症候群）」（仕事における物足りなさややりがいのなさにより、やる気を失い不安や悲しみを感じ、メンタルヘルスに支障をきたす状況）にも陥りやすいと考えられる。

また反対に、ボアアウトは「静かな退職」を選択することに至る一因であるともされている。この点について次に述べたいと思う。

仕事への興味を失い、心身が不調に陥る——退屈症候群

ボアアウトは現代社会における問題の一つとされており、個人差があるものの多くの人に共通する症状としては無気力感、仕事への興味の喪失がある。

「バーンアウト（燃え尽き症候群）」と症状は似ているが、原因は対照的だ。

バーンアウトは業務量の多さや難度の高さから働きすぎてしまうことに起因するが、ボアアウトは業務が減って単調な日々が続くなど、刺激がない環境下で陥りやすいとされている。

ボアアウトは、フランスの労働者が「退屈な仕事によってメンタルヘルスを害された」として香水関連企業を訴えた結果、「ボアアウトがモラルハラスメントに値する」と企業の責任を認める判決が下ったことで注目を集めた。

さらに、新型コロナ感染症によるパンデミックによる仕事量の減少や、リモートワークによるコミュニケーション不足がボアアウトにつながったという見方もある。

ボアアウトで何が起こるのか、原因は何か

ボアアウトの主な症状としては以下のようなものがあるとされている。

▼1 集中力の低下

仕事が退屈でやりがいを感じないため、集中力が低下する。結果として、仕事に対する注意力が散漫になり、ミスが増え、効率が悪化する。

▼2 疲労感や無気力

仕事量が多かったり、きつかったりするわけではないのに、常に疲れを感じたり、無気

力になったりし、仕事への意欲が低下し、やる気を失う。

▼3　仕事への興味喪失

自分の仕事に対して興味や情熱を感じられなくなる。何をやっても面白く感じず、ただ時間をやり過ごす感覚に陥ることが多い。

▼4　自己評価の低下

退屈な仕事やチャレンジの欠如は、自己肯定感を損なうことがある。「自分の仕事には意味がない」「自分は無駄な存在ではないか」と感じるようになり、自己評価が低下する。

▼5　ストレスと不安

ボアアウトは、精神的なストレスや不安の増加とも関連している。モチベーションの低下や達成感の欠如がストレスを引き起こし、不安感を増大させる。

▼6　身体的症状

ボアアウトによるストレスは身体的な不調を引き起こすこともある。たとえば、頭痛、胃痛、消化不良、肩こり、睡眠障害などが報告されている。

これらは、組織にも深刻な影響を及ぼす。従業員の士気の低下や生産性の低下、健康コストの増加など、直接的な影響にとどまらず、組織風土の劣化も引き起こす。やる気を失ったメンバーが増えると、組織の活気は失われ、協調的な風土は崩壊し、殺伐とした雰囲気となってしまう。

また、特に顧客と直接やりとりをする立場にある従業員の場合、顧客対応やサービスの質が低下することで、顧客満足度の低下にもつながる。

では、なぜボアアウトが増えるのか。原因として以下のような指摘がなされている。

▼1 業務の単調さ

ルーティン業務が多い場合、業務が単調となり、クリエイティビティや成長の機会が乏しく、飽きやすくなる。担当する業務に対して過剰な能力を有しているような場合も、同様の事態に陥ることがある。

▼2　リモートワークの影響

リモートワークの増加に伴い、孤立感や仕事の単調さを感じやすくなる人もいる。物理的なオフィス環境での刺激や同僚との対話の減少は、ボアアウトの原因になることがある。

▼3　過度な情報

過度な情報に触れると注意力が散漫になったり、選択肢が増えすぎることで興味を失ったりすることなども、ボアアウトの一因となる可能性がある。

▼4　成果重視の組織文化

過度な競争を促し効率を重視しすぎる文化が、従業員にストレスをかける。仕事への過度なプレッシャーは、ボアアウトのリスクを高める。

▼5　マイクロマネジメントなどの過剰な管理

過剰な管理が行われる職場では、従業員が自発的に行動する余地が狭まり、やる気を失うことがある。自由裁量の余地が少ない環境では、やる気を維持するのが難しくなる。

やりがいがある職場をつくる8つの条件

ボアアウトを防げれば、「静かな退職」も減らすことができる。そのためには、従業員がやりがいを感じ、モチベーションを維持できる職場環境を整えることが重要だ。対策は以下のとおり多岐にわたる。

▼1　仕事の多様化と成長機会の提供

単調さが主因であるため、ルーティンの業務だけでなく、新たな業務の割り当てやチャレンジングなプロジェクトへの参加機会を提供することで、やりがいや成長の機会を与えることが重要だ。

▼2　従業員の強みや関心に合った業務の配分

従業員一人ひとりの強みや関心を把握し、それらにマッチする業務を割り当てることができれば、モチベーションの向上につながる。

▼3　自由裁量の余地の拡大

過剰な管理を避け、従業員に一定の裁量権や意思決定の自由を与えることで、仕事に対する責任とやりがいを感じさせることができる。信頼関係を築き、従業員が自律的に働ける環境を整えることが重要だ。

▼4　リーダーによるサポート

リーダーが、従業員一人ひとりに対して関心を持ち、適切なサポートや指導を行うことが重要だ。特に、定期的なフィードバックは、従業員の成長を促すうえで極めて重要だ。

▼5　従業員のフィードバックを取り入れる

定期的に従業員からのフィードバックを集め、職場環境や業務内容に対する意見を反映させることも大切だ。これにより、従業員の満足度向上につながるとともに、問題の早期発見や改善が可能となる。

▼6　コミュニケーションの促進と巻き込み

同僚や上司とのコミュニケーションやコラボレーションの機会を増やし、職場での孤立感を防ぐ必要がある。他者との協働によって、仕事に対する意欲を維持しやすくなる。

▼7 キャリアパスの明確化

従業員が自分の将来のキャリアについて明確なビジョンを持てるようにサポートする。また、キャリアビジョンの構築へ向かうにあたって、スキルアップなどの支援をすることも重要だ。

▼8 報酬・インセンティブ

パフォーマンスに応じた報酬やインセンティブを提供することで、従業員のモチベーションを高めることができる。特に金銭的な報酬だけでなく、成果の承認や研修への参加、特別休暇などの非金銭的インセンティブも有効だ。

これらの対策を組み合わせて実施することで、従業員が仕事に対する満足を感じ、ボアアウトを防ぐことができ、ひいては、「静かな退職」者の増加を食い止めることができるのだ。

第３章

「クソどうでもいい仕事」がなぜ生まれ、人間をどう蝕むのか

ブルシット・ジョブがなければ、週15時間の労働で足りる

世界的に「反労働」の潮流が起き、その典型としての「静かな退職」があった。
ではなぜ、「反労働」の機運が高まっているのか、より詳しく見ていきたいと思う。
まずは、近年、注目を集めている「ブルシット・ジョブ（クソどうでもいい仕事）」について触れたい。

経済学者のジョン・メイナード・ケインズは1930年に行った「孫の世代の経済的可能性」という講演で、ある予言をした。

「20世紀末までに、一日に3時間、週に15時間働けば十分に生きていける社会がやってくるだろう」

しかし、その予言は外れた。21世紀となって20年以上が経つ現在も、労働者は毎日8時間以上も働いている。ケインズが根拠としたのはテクノロジーの進化だ。その観点からすれば、3時間労働は完全に到達可能であると考えたのだ。しかし、それは達成されなかった。

「テクノロジーはむしろ、わたしたちすべてをよりいっそう働かせるための方法を考案するために活用されてきたのだ。この目標のために、実質的に無意味（ポイントレス）な仕事が

つくりだされねばならなかった。」

このように『ブルシット・ジョブ』（岩波書店）の著者で文化人類学者のデヴィッド・グレーバーは述べている。さらに、次のようにも言っている。

「膨大な数の人間が、本当は必要ないと内心考えている業務の遂行に、その就業時間のすべてを費やしている。こうした状況によってもたらされる道徳的・精神的な被害は深刻なものだ。それは、わたしたちの集団的な魂を毀損している傷なのである。けれども、そのことについて語っている人間は、事実上、ひとりもいない。」

グレーバーが問題視するのは「ブルシット・ジョブの多さ」だけではない。

「より本質的な問題は、ブルシット・ジョブの多くが世間では専門職として敬われ、往々にして高収入であるのに対し、社会に絶対に必要なエッセンシャルワークの多くがその真逆であるということだ」という。

著書の中では、投資銀行、広告代理店、税理士などの具体例を挙げ、「もらっている報酬の数十倍の社会的価値を破壊している」と指摘している。

「いまの世界には、まったく無意味で有害ですらある仕事、しかもそれを行っている当人すらそう感じている『ブルシット・ジョブ』が増殖している」というグレーバーの主張は、多くの共感を呼び、またたく間に世界中で再発信された。

共感の多くは、他人の仕事ではなく、自分の仕事を念頭に置いたものであった。「自分の仕事は無意味だ」と考える人が殊の外多かったのである。部外者から見て何の役に立っているのかまったくわからないというにとどまらず、ブルシット・ジョブに就いている当人たちですらそう思っているのだ。

「被雇用者本人でさえ、その存在を正当化しがたいほど、完璧に無意味で、不必要で、有害でさえある有償の雇用の形態である。とはいえ、その雇用条件の一環として、被雇用者は、そうではないととりつくろわねばならないと感じている」というのが、グレーバーのブルシット・ジョブの定義だ。

グレーバーのラフな計算によると、イギリスにおける仕事の37％がブルシット・ジョブで、残りの63％がそのサポートに回っており、実質的な労働時間は週15時間程度であるという。

週15時間。ケインズの予言通りの労働時間だ。「ケインズの予言は外れていない」とグレーバーが言う根拠だ。実質的な労働時間としてはすでに1日3時間の短時間労働を達成しているわけだ。しかし、現実にはそうなっていない。その原因としてブルシット・ジョブがあるということなのだ。

テクノロジーの進化によってケインズの予言は現代では実現不可能ではないにもかかわ

らず、実際にはブルシット・ジョブによって達成が阻まれているのだ。

ブルシット・ジョブとシット・ジョブ

高収入を得ている専門職であるブルシット・ジョブは、社会的価値がないだけではなく、社会的価値を破壊しているという。

ある算定方法を用いていくつかの職業を計測した結果として、「給料が高いほど社会に害をもたらす」という法則をグレーバーは説明している。

「仕事をして得られるお金の総額とその仕事がどれだけ役に立つのかということは、ほとんどパーフェクトに反比例している」「社会的価値に乏しければ乏しいほど、実入りはよくなり、社会的価値に富んでいれば富んでいるほど、実入りは悪くなる」のだという。

グレーバーは、「自分の仕事に関してブルシットだと打ち明けない企業の顧問弁護士に会ったことがない」とまで言っている。

さらにグレーバーは、「ブルシット・ジョブ」と「シット・ジョブ」とを区別している。シット・ジョブとは、低賃金で労働条件も劣悪、尊敬もされないきつい仕事のことであり、そのほとんどが社会生活に必要不可欠な仕事であるにもかかわらず、世の中には「人のためになる仕事ほど、賃金が下がる」という構図があるという。

こうした仕事に就く人たちは、この構図に我慢しているだけでなく、「自分の仕事は社会に貢献していて、やりがいがある。だから報酬が少なくても仕方ない」と自ら納得しており、美徳こそが報酬であると思い込んでいる。後で述べる、「やりがい搾取」の状況だ。

新型コロナウイルスのパンデミックの最中でも、「私たち、エッセンシャルワーカーは、命がけで働くのが当然だ」と思い込んでいるといった状況があったのではないだろうか。

一方、自分の仕事をブルシット・ジョブだと答える人は、専門職のほか、管理職や経営者といった立場に非常に多く、彼らは「自分は本当に何もしていない」と答えるという。

ＩＴ化によって情報ツールが進化して以降は常に、中間管理職は必要か否かという議論があるが、グレーバーはある取材に答えて、以下のように述べている。※1

「私は特に何もしていません。部下が仕事をきちんとこなせるようにここにいますが、私がいなくても、彼らは何ら変わらず同じように仕事をすることはわかっています。」

「さらにひどいことに、こうした人たちは、自分が部下の邪魔になっていると感じているのです。上位者に対して自分の存在を正当化するために、部下に数えきれないほどの書類を書かせます。」

グレーバーが引いている調査によれば、「被雇用者の80％が、自身の管理者は役立たずで、そのような人たちがいなくても仕事はまったく同じようにこなすことができる」と感じているという。

無意味で有害な仕事が増え続けている

ここでブルシット・ジョブが増え続ける理由を整理しておきたいと思う。

▼1　組織拡大

組織の規模が大きくなると、中間管理職ポストは増え、その業務は実質的な価値を生まないものとなる傾向がある。また、規則や手続きが増えることで、本来必要のない書類作成が必要になる。

▼2　長時間労働

日本企業では、長時間労働が美徳とされるような風潮がいまだ残っており、仕事をしているふりをするための非効率な業務遂行や残業が多くなっている。

▼3 経済のサービス化

製造業からサービス業へのシフトが進む中で、製品を生産せず、また実質的に価値を生み出さない業務が増加する傾向にある。

▼4 過剰なコミュニケーションツール

メールやグループチャット、会議アプリ等の増加により、実際には不要なコミュニケーションに終始巻き込まれ、時間を浪費することになるとともに、本質的な業務が妨げられる傾向にある。

▼5 社会的・心理的要因

人々は仕事を通してアイデンティティを形成し、社会的ステータスを得るので、自分では「クソどうでもいい」と思っている仕事であっても、社会的な評価があるのならば、やり続けることになる。

これらのいずれかというよりも、多くの場合、いくつかの要因があいまって、ブルシット・ジョブが増殖しているのだ。

ブルシット・ジョブが苦しい理由

どうしてブルシット・ジョブは、つらく、苦しいものなのか。理由は大きく2点ある。1つは「無意味性」、もう1つは「虚偽性」だ。この両方が労働者の精神を蝕むのだ。グレーバーは以下のように述べている。

「最も基礎的な理由としては、シーシュポスのようにまったく無意味であるとわかっている作業を継続することは、人間にとって非常に苦しいことだという事実がある。週のうちの5日間、昼間の最も活動的な時間の大半において、『こんなものは存在しなくてもよい』と自分でもわかっているような仕事を強いられているとしよう。たとえ高い収入が保証されていたとしても、こうした仕事が、その人に与える精神的なダメージはとてつもなく大きい。」

シーシュポスとは、ギリシャ神話に登場する人物で、神々を欺いた罰として、尖った山の頂まで巨大な岩を運び上げることを命じられる。山頂に届く寸前まで岩を押し上げては、岩の重みで底まで転がり落ちてしまい、それを永遠に繰り返すという苦行である。

まったく無意味な作業を繰り返すということで、グレーバーはブルシット・ジョブを神話に喩《たと》えたのである。

また、グレーバーは、ドストエフスキーが、シベリアの収容所にいたときに考えていたことを引用している。

ドストエフスキーによれば、最悪の拷問とは、誰の目にも意味がない作業をいつ果てるともなく強制することである。

実際の収容所で囚人たちに与えられる労働は、有用な労働であった。つまり、収容所の強制労働は、最悪の拷問にはなっていなかった。労働が少しは有用であることが、囚人たちにとって救いになっていたのだ。

それくらい、必要性がなく、意味のある何ものも残さない仕事はつらいのだ。そういう意味において、現代では、多くのホワイトカラーは、強制収容所の囚人以上に厳しい拷問になり得る労働を強要されていることになる。

ブルシット・ジョブが苦痛を与えているもう1つの理由が、その「虚偽性」だ。真実ではないことを真実に見せかけなければならないという側面がある。

ブルシット・ジョブに就いている本人は、自分の仕事がいかなる意味あることをもたらさないとわかっていても、それとはまったく逆であるかのように振る舞わなくてはならない。

つまり、自分の仕事が有意義であると信じ、それを実行することが楽しくて仕方がないという素振りをしなくてはならない。

「そのことがあたかも、雇用条件に含まれているかのようだ」とグレーバーは言う。

本人は、周囲を、そして自分自身を欺くことを強いられるのだ。無意味な作業を繰り返すことに加え、それがあたかも、とても意味のあることであるかのように振る舞わなければならない。これは精神的にしんどいに違いない。

人間は、仕事がなければ、仕事をでっちあげる

そもそも、なぜ実際にはやることがないのに、人は仕事をでっちあげるのか？

目的を達成することが仕事の名目なら、終わった時点で帰ってもいいはずだ。しかし実際には仕事を早く終わらせても、ほめられるより怠惰を指摘されるため、効率よく仕事をこなすより仕事をしているふりをするほうが重要になってしまうのだ。

グレーバーは自分が学生時代にアルバイトをした例を挙げている。レストランのバイト仲間と一緒に、最初は全力をあげて短い時間で与えられた作業を終える。当然、ボスからはほめられると思ったが、むしろイヤな顔をされて「怠けるんじゃないよ」と叱られる。

それでグレーバーたちは、「次からはのろのろと仕事をすることにした」という。

作業を効率よく済ますよりも、勤務時間中はずっと仕事をしている様子を見せることや、頑張っているふりをしていることのほうが大事なことも多く、そうしてブルシット・ジョブは生まれる。

仕事のための仕事、人をただ労働の状態に置くだけのためになされる労働だ。まさしく、ブルシット・ジョブ（クソどうでもいい仕事）なのだ。

われわれ現代の働き手は、賃金労働に慣れてしまっているので、9時から18時までというような就業時間に違和感は持たないが、これは普遍的な仕事のあり方ではない。決められた時間に働いていなければならないという考え方は、最近生まれたものといってよい。大阪府立大学教授で、『ブルシット・ジョブの謎――クソどうでもいい仕事はなぜ増えるか』（講談社現代新書）の著者である酒井隆史は、「タスク指向」と「時間指向」という考え方を示して以下のように述べている。

普遍的な仕事のあり方とは、「必要なときに集中的に仕事をして、それ以外は、ぶらぶらしている」といった、たとえば農業のようなものだった。資本主義的なモラルが広まる前の仕事を「タスク指向」と表現している。

人間は放っておけばこのような労働のリズムを選ぶが、現在は「時間指向」の形態を押しつけられることで、仕事のブルシット化の圧力が生じている、というのだ。

もともとの労働である狩猟採集や農業は、必要な時に集中して働き、そうでない時には好きに過ごすというものだった。これが「タスク指向」である。

たとえば稲作においては、田植えや稲刈りの時期には総出で働くが、そうでない時期には、道具の手入れをしたり、または自由気ままに過ごしたりする。こうした普遍的な仕事のあり方を「周期的激発性」と言う。

しかし、現代の賃金労働制においては、労働者の時間を雇用主が買ったことになり、その時間内は働かなければならない。たとえすることがなくてもということだ。

ここに問題の根っこがある。規定された仕事の時間内は、意味のある作業がなくても、働いているふりをする必要が出てくる。あるいは、わざと、規定された時間の全体を使うように、非効率的に仕事をする必要が出てくるのだ。

このように、自らが自らの労働を統制していない場合に、「時間指向」の労働形態が表れるのだ。

今日の社会は、必要な時に集中的して、必要でない時には怠惰に過ごす労働形態を許さない。仕事本来のあり方がそうであっても、強制的に時間で区切っているのである。こうした不自然な労働のあり方が、人間にムリを生じさせる。

資本主義が浸透する前の「タスク指向」の仕事の特徴について酒井は以下のように示し

ている（前掲書より引用）。

1　時間労働よりも人間的にわかりやすい。農民や労働者は、必要性を見て取りながら活動する。

2　タスク指向が一般的な共同体では、「仕事」と「生活」の境界線がほとんどない。社会的交流と労働とは混ざり合っており、労働日は仕事に応じて長くなったり短くなったりする。

3　時計で計られた労働に慣れている人間にとって、このような労働態度は無駄が多く、緊張に欠けているように映る。

このような現実的な仕事のパターンに、「時間指向」の仕事の形態を押しつけようとするところに、ブルシット化への圧力が生じるのである。

アメリカのエリートも、労働時間が減っている

アメリカでは金持ちほどよく働く時代が50年くらい続いてきた。確かに、アメリカのエリートビジネスパーソンは本当によく働くというイメージがある。

飛行機の中でも常時PCに向き合っており、彼らにとってはそれが当然のようでもあり、感心するとともに、何か特別な思想を色濃く宿しているような印象を受けたものだ。

アメリカという国は、6割以上がキリスト教徒であり、4割がプロテスタントだ。プロテスタントの中でもカルヴァン派の思想が浸透している国である。

近年、急速に宗教離れが進むものの、最も多くの信者を抱え、歴史的に社会に大きな影響を与えてきたカルヴァン派の仕事観を端的に言えば、「仕事は良いこと」というものだ。アメリカ人エリート層の長時間労働の要因の一端はここにあると考えられる。

しかし、そうしたトレンドが2019年頃に曲がり角を迎えた。

アメリカでは、コンサルティング業界を含むプロフェッショナルサービス全体で、労働時間が減少する傾向にある。この流れは、リモートワークの増加、ワークライフバランスの重視、そして生産性を向上させる自動化技術の進展などによって促進されている。特にコロナ禍は、柔軟な労働環境の導入を加速させた。※2

「ウォール・ストリート・ジャーナル（WSJ）」は「アメリカ人が不幸な5つの理由」というタイトルの記事の中で、次のように述べている。※3

自由の女神やセントラルパークのあるニューヨーク市が全米で住民が不幸だと感じる都市の第1位だという。国勢調査局と疾病予防管理センターのデータを使ったハーバード大学とブリティッシュコロンビア大学の研究者のリポートで明らかになったそうだ。

不幸と感じる理由の一つは、賃金があがらず不況からの回復に苦心していることで、調査では、アメリカ人の36％が退職後のための蓄えがないという。

マーケットウォッチが、アメリカ人がなぜ不幸なのか専門家に聞くと、大きな原因が5つあった、とＷＳＪは報じている。それが以下である。

▼ガジェットで意識が飛んでいる

コンピューターを使うと私たちの感情は失われやすい。

▼50％の人々がストレスを感じている

若い人は重い責任を負わされている一方、高齢者も健康問題を抱えており、同じようなストレスを抱えている。

▼金持ちと有名人のライフスタイル

リアリティ番組や雑誌、フェイスブックなどで有名人の豪華な休暇を知ることができる。しかし、それを見たほとんどのアメリカ人の気分は悪くなる。

▼アメリカにはシエスタがない

アメリカの有給休暇消化率は約50％という。

▼多くのアメリカ人は不健康

ギャラップ社とヘルスウェイズが算出している健康度指数ではアメリカ人の成人の4分の1以上が自分自身を肥満と考えている。実際の肥満率は3分の1に近いと見られている。

世界的なトレンドとなっている「反労働」の機運は、もはやホワイトカラーの人たちに共通の病なのかもしれない。自分の仕事はブルシット・ジョブなのではないかと思い始めたことで、労働意欲が減退している可能性はある。

コンサルタントもブルシット・ジョブか？

コンサルタントなどは、ブルシット・ジョブの筆頭に挙げられがちな職業だ。実際に、コンサルタント批判は強い。

コンサルタント嫌いな経営者にお会いしたことも、これまで数限りなくある。「コンサルタント、何する人ぞ」という感じだ。

実際に、「私はコンサル嫌いでね」と、初対面時に言う経営者も何人かいた。世間一般でも、何も生み出さずに、無駄に高い報酬を得ているとの見方は強いように思われる。かつて、外資系のコンサルティング会社に勤めていた時の上司は、「コンサルティングは立派な虚業です」と言っていた。

理系出身のその上司の説明はこうだ。数学の世界で、実数だけでは解けない問題が、虚数という概念を用いてはじめて解ける、そういう意味で、コンサルティングは立派な虚業なのであると。

結局、そうした理屈を持ち出さなくてはならないほど、危うさのある職業であるということだと思う。だからこそ、付加価値ということを強く意識し続けているとも言える。

同様に、金融業界なども、「他人の金で金を生み出しているだけじゃないか」、「なんであんなに高い報酬をもらっているんだ」との見方は昔からある。

コンサルも金融も、人一倍ハードワークをこなしていることは確かで、それが価値を生み出しているかどうかは別として、自分のすべての時間を費やして、面白くもない仕事（書類づくりなどの事務作業やデータ分析など）をしているわけだから、その対価であるとの見方をする向きもある。

一方、ものづくりは夢もあるし、ワクワクもする、社会を進化させているとの誇りもある。それ自体が報酬だから、金銭的報酬は少なくていいといった考えも存在する。

「エッセンシャルワーカー」なども同様で、先述したように、社会への役立ちを直接的に実感できる仕事なので、それ自体が報酬であるという考えが、「やりがい搾取」のベースにある。

コロナ禍で突然出てきた「エッセンシャルワーカー」という言葉に何かしら薄気味悪さを感じた人も多かったのではないだろうか。

まるでヒーロー扱いだったが、かといって補償がなされたり、報酬が上乗せされたりという話はほとんど聞かれなかった。エッセンシャルワーカーに感謝を示そうといった運動で称え、危険に立ち向かわせているような気がしてならなかった。

そのような風潮に煽られ、本当は家族のために職を辞したいと思っていても辞められなかった人もいたに違いない。

仕事の中にはブルシット業務が必ずある

職業自体がブルシット・ジョブではなくとも、仕事の中でブルシットな業務というものは必ずある。その割合が大きくなれば、その仕事自体がブルシット化するだろう。

慶應大学准教授の岩尾俊兵は、著書『世界は経営でできている』（講談社現代新書）で次のように述べている。

「人間の労力や時間のほとんどは、一応「仕事」という名前がついているだけの、何のために／誰のためにあるのかよくわからない無意味な「作業」ないし「運動」で費やされている。」

「たとえばエクセルを開いて、閉じて、開いて、閉じてという指先ラジオ体操で今日の貴重な一日を終えた人は日本だけでも百万人以上いるだろう。」

また、岩尾は、「いつだってある日突然に「〇〇（不思議なことに大抵はカタカナ語かアルファベットを用いた略語）対応」が会社や社会で（会社を反対にすると社会なので似たようなものだ）一大イベントとなる。」として、その対応に無駄な書類が大量に作成されると指摘する。

インボイス、マイナンバーなど、さまざまな新しい制度が導入されると、その対応のために無駄な時間が大量に費消される。心当たりがあるだろう。

そうして、出入り業者だけでなく、取引先にも、面倒な対応を強いて、不興を買う状況を岩尾は描写したが、まさに現在の日本の企業の状況を的確に言い表している。

私が経験した、価値を生まない仕事の典型

私自身がこれまで行ってきた業務の中で、ブルシット色が特に強かったと思われるもの、「さすがにこれは価値を生まないでしょう、クソどうでもいいでしょう」と思われた業務を2つほど挙げてみたい。

一つはグループチャットツールによって生み出されたものだ。

あるクライアント企業では、アメリカ生まれのあるグループチャットツールを企業グループ全体で導入しており、付き合いのある他社にもそれを使ってのコミュニケーションを求めていた。

はじめて使うので、どんなものかと興味もあったが、結果はたいへんカオスなものだった。多くの人たちで共有するという考えがベースにあるのだろう、会ったこともない多くの人たちが参加しており、グループチャットだから、自由に発言もする。

どこから球が飛んでくるかわからず、それは変化球であったり、豪速球であったり、デッドボールであったりという感じだった。

それらすべてをフェアゾーン内に打ち返すことは容易ではない。前回のミーティング時に説明したことについて、ミーティングに参加していなかった人から質問が来るなどは普

通にあり、しばらく進んだあとに「そもそもこのプロジェクトの目的は？」なんて質問が出たりもした。

社内的な話なので放っておいたら、発言を求められたので、こちらの見解を述べる。すると、それに対する質問がいくつか来る。

他社事例を求めてくる人などもいて、開示できる範囲でいくつか示すと、当然ながらそれに対してさらなる質問が押し寄せる。こういったことに深夜まで対応することになった。

この企業は、このツールが生産性を高めると信じて導入したのだと思うが、とてもそのようには思えなかった。飛び交う膨大な情報にすべて目を通すだけでもかなりの労力を割かなければならないし、それぞれの興味や関心で話があちこちに飛ぶので、プロジェクトは明らかに進みづらくなる。場合によっては座礁してしまうだろう。

この時のプロジェクトについては結局、このままでは期限までの完了が困難になってしまうということで、コミュニケーションの窓口をプロジェクトリーダーに一本化していただき、つまりは通常のコミュニケーションの形式に戻して進めた。

価値を生まないばかりか、価値を生み出す時間と労力とを削いでしまいかねないこのツールだが、やることがなくて、それでも仕事をしているふりをしなければならない人にとってはまさに救済ツールだったことだろう。

プロジェクトが完了し、振り返りのミーティングの際にプロジェクトリーダーが言っていたことが印象に残っている。

このツールに関して、導入して以降の一番の変化は、効率化でもコミュニケーションの活性化でもなく、「これまでは貢献度が薄く、存在感の薄い幾人かの人たちが、このツールの中で急に存在感を増したことです」と語った。

ちなみに、このツールを提供するアメリカの会社の本社では、「早く仕事を終えて早く帰る」、そして「帰宅後のツール使用は禁止」がルールとなっているそうだ。功罪の「罪」のほうも熟知しているからこそのルール化なのだろう。

しかし、宣伝上は「功」ばかりを強調するから、それを真に受けて、「罪」についてはまったく考えずに導入した企業では似たり寄ったりの事態になったことだろう。

このツールに限らず、一般的にコミュニケーションツールや業務システムなどについては、この傾向がある。

経営者の責任が大きいと思うが、他社での成功例に過剰に反応して、幻想を抱いたまま導入を進めてしまうのだ。アメリカ発のものがほとんどだと思うが、これまで数限りなくそうした例はあったが、会社にきちんと根づいて効果をあげているという例を聞くことは残念ながら多くない。

「クソどうでもいいルール」によって作成されるレポート

もう一つはだいぶ前の話になるが、私がアメリカのコンサルティング会社の日本法人に勤めていた頃のことだ。

アメリカ企業らしく、良くも悪くも、業績やキャッシュに関しては特段に執着のある会社だった。

当時、私はその会社内では最大の部門の部門長をしていたが、これもアメリカ企業らしく、たいへん高い目標が設定されていたこともあり、売上目標の未達が数カ月続いたことがあった。

そのたびに、目標と実績のギャップの原因分析や、今後の対策等について、30ページほどの英語でのレポートの提出が求められた。

1億円の目標に対して100万円、200万円の未達なんて誤差範囲内ではないのか、との思いを抱きつつも、当初は結構な時間を割いてレポートを作成していた。

しかし、それが続くと、そもそも目標未達の原因にしても、対策にしても、ひと月前とさほど変わるわけではないし、英語が得意ではない私としては苦痛でしかなかったので、ある時、前月に提出したものをそのままコピー&ペーストして提出してみた。

どこかから何か言ってきたら、うっかりしていたとかなんとか言って、多少変えて再提出すればいいかと。

そうしたら、案の定というか、1カ月経っても、2カ月経っても、どこからも何も言ってこなかったのだ。

結局、誰もレポートを見ていなかったわけだ。提出することに意義があるということなのか、要するにそういうルールになっているからそうしているにすぎなかったわけだ。

どこの会社にも似通った「クソどうでもいいルール」はあると思うが、それによって、忙しい最中に、まったくのブルシットな業務に多くの時間を割かされてはたまったものではない。

それ以降はもちろんコピペレポートしか提出しなかったが、ブルシット業務に奪われていた私の時間は、付加価値を生み出す業務へと振り向けることができるようになった。

これらの経験を振り返って思うのは、苦しかったのは、深夜までグループチャットに付き合うことや、無意味なレポートを作成することよりも、意味がないと思う業務に多くの自分の時間を割かなければならなかったことだ。

いずれも、意味がある、価値を生み出していると自分が心から思える業務であったならば、時間はかかっても、ストレスを溜めることはなかっただろう。

ブルシット・ジョブはこの点において、その職に就いている当人の精神を蝕んでしまう要素をはらんでいるのだ。

第4章

長時間労働と「やりがい搾取」が、仕事の幸せを奪う

世界的にホワイトカラーの多くが、「反労働」といった観点から自らの仕事を振り返ったことで、労働意欲が削がれているのは確かであろう。

しかし、より根の深い問題として、「働く意味の喪失」が関係していると考えられる。

近年、多くの社会人が、「なぜ働くのか？」について考えるようになってきている。

この迷いが「反労働」につながっている可能性は高い。「なぜ働くのか？」について、多くの社会人が考えるようになったのはなぜだろうか。

労働が生活から離れると、労働の意味がわからなくなる

元来、労働は生活と密着していた。しかし、工場などで雇われて働く賃金労働となり、労働が生活から離れ、労働者は労働の意味に迷いが生じることとなった。

そもそも働くとはどういうことなのか。

もともと自給自足であった時は、狩りをしたり、農作物を作ったり、生きていくうえで必要なだけの食物を確保した。それは労働というよりも生活そのものだった。

次の段階では、自分が得意なことをして作ったもの、農作物や製作品などを売って金銭を得て、それで生活に必要な食物などを買って生きていた。家内制手工業まではこういう

感じだった。作ったものをそのまま自分で消費するのではなく、誰かに買ってもらうようになる。

ここで労働と生活とが少し離れるが、生活のための労働という位置づけは明白だった。そのため、「働く意味」などは考える余地はなかった。

その後、大量生産の時代となり、工場などに勤務して賃金労働をするようになる。好きでも得意でもないことをし、他人の指示のもとに動き、他の人たちと一緒に、決められた時間、そこで働く。

そして賃金を得て、必要なものを買って生活をしていく。労働者であり、消費者となる。ここまでくると、労働は労働、生活は生活と切り離される。そして労働の意味について疑問が生じ始める。

労働と生活が離れると、仕事に費やす時間は、労働者が資本家へ差し出すものとなる。ここで労働者と資本家との間で綱引きが生じることになる。

労働者は自分の時間をあまり差し出したくはないので、たとえばワークライフバランスを強調するなどし、仕事とプライベートを明確に分けることを主張する。極端な場合は必要最低限しか差し出さない「静かな退職」を選択する。

資本家は労働者の時間やエネルギーをできるだけ多く差し出してもらえるよう、「やりがい搾取」を行ったり、エンゲージメントを強調したりして、より多くの搾取に熱心になる。企業中心の資本主義経済とはこういうものだ。

イタリア人が「仕事」と「プライベート」を分けない理由

イタリアでは幸せそうに働いている人が多いという。これについて『最後はなぜかうまくいくイタリア人』（日経ビジネス人文庫）の著者であるワインジャーナリストの宮嶋勲は、「イタリア人は『労働』を『人生』と考えている」と言う。

イタリアでは「公私混同」が激しく、激しければ激しいほど、社会に活気が出て、皆が生き生きとするというのだ。家族経営の中小企業が多いこともあり、「私」の時間に仕事が割り込んでくることに寛容で、たとえば自らの労働時間に関する権利意識も低く、残業に関しても寛容なのだという。

イタリア人の公私が混ざり合っている働き方について宮嶋は著書の中で、駄菓子屋の店番をしているおばあちゃんに喩《たと》えて次のように説明している。

「たしかに駄菓子やメンコを売るという業務は遂行しているが、同時にそこはおばあちゃんの本来の居場所であり、「私の時間」を十分に生きる場所でもある。知り合いが訪ねてくればおしゃべりもするだろうし、子どもたちと遊んだり、説教をしたりもするだろう。そしてそのついでに駄菓子を売ったりもするのである。」

「公私の区別はきわめて曖昧で、それぞれの時間は簡単に行き来することができる、ゆるやかで寛容な世界だ。その分おばあちゃんは疎外されておらず、十全な時を生きていて、おそらく幸せである。むしろこの居場所を奪ってしまうと、おばあちゃんは疎外されて、不幸に陥るだろう。おばあちゃんにとって駄菓子屋の店番は人生そのものであり、生きがいでもあるのだ。ここでは「仕事の時間」と「私の時間」は幸せに溶け合っている。」

前章で述べた、「タスク指向」の仕事の特徴の一つである、「仕事」と「生活」の境界線がほとんどないという、まさしくその状態だ。

「イタリア人の働き方を見ると、資本により売買されたはずの労働が、持ち主＝労働者の勝手な解釈によっていとも簡単に取り返されて好きに使われている状態にあり、疎外されていない恵まれた労働なのだ」と宮嶋は言う。

幸せな働き方について迷いが生じている

しかし、日本においては、賃金労働となって以降も、しばらくの間、悩みなく働ける特殊な環境が用意されていた。

昭和の時代には、よく語られるように、学歴・出世・収入増・生活の水準向上といった「大きな物語」が存在していた。その物語に身を任せていれば、将来に不安を抱かずに済んだ。ゆえに、「幸せ」について考えなくてもよかったとも言える。

また、物語のとおり、会社は生涯雇ってくれて、年々給料があがっていくのだから、多少の不満は我慢しようということもあったと思う。そういう意味では、企業にとっても個人にとっても、いい時代であったわけだ。

特に、キャリアがわかりやすく形成されていたことが、働き手が不安を抱かずに働くことができた大きな要因であったろう。長いこと、キャリアとは企業の中で「のぼるべき階段」として形成されてきた。

つまり、成功への道筋は「上」のみだった。

そして、普通に仕事をしていれば、順番にのぼっていける階段でもあった。社内での「出世」は多くの人に約束されていた。

しかし、階段そのものは消滅していないものの、誰もがのぼっていけるものではなくなった。「上」以外の道を自分で探し出さなければならない。これは容易なことではない。

「最近の若者は出世欲がなくなった」と言われる。調査結果からもそれは顕著だが、容易な「出世」への道が閉ざされていることが一因なのは間違いない。

バブル崩壊を機に物語は消失し、個々に考えなければならなくなった。それが失われた30年の間ずっと続いている。

さらにはコロナ禍で、あらゆる世代の人たちが、自分なりの「幸せ」について、また「幸せな働き方」について、自問をするようになった。

同様に、仕事の価値や意味についても、近年働く人の多くが考えるようになった。「大きな物語」の存在していた時代には、仕事の意味はわかりやすく与えられていたため、考える必要はなかったのだ。

「仕事がつらい」を引き起こす大きな原因

価値観は多様化し、幸せのカタチもそれぞれであり、また確信を持つまでには至らず、揺らいでいる。そうした中にあっては、オピニオンリーダーたちが発信する主張のうち、多くの人に受け入れられやすい論調が幅を利かせる。そして、それらが時代の空気をつくっていく。

「幸せ」について考えるにあたって、避けては通れないこととして「仕事」、「働くということ」がある。なぜなら、多くの社会人にとって、生活の最も多くの時間を割いている活動だからだ。

はたして現代人は、働くことを通して幸せを感じているのだろうか。先に示したとおり、パーソル総合研究所が2022年に実施した国際比較調査では、「はたらくことを通じて、幸せを感じている」日本人は49・1％であり、調査対象となった18カ国・地域の中で最も少ない結果となった。

働くことを通して幸せになれない、つらいという状況が労働意欲を削ぎ、「反労働」の機運を高めていると考えられる。

ではなぜ、働くことがつらいのだろうか。これを理解するには、「何がストレスとなっているのか」から考えていくのがよいであろう。

まずは、労働時間の長さが考えられる。ケインズの予言通り、一日3時間の労働でよいのであれば、つらいと感じる人はぐっと減るに違いない。しかし、相変わらず長時間労働は一般化した状態のままだ。

一時的に残業が続くことはあり得るだろう。しかし、長時間労働が常態化すると大きな問題を引き起こす。もし本当に長時間労働が常に必要ならば、それは単に人員不足である。そうでないにもかかわらず、なぜ、長時間労働はやめられないのか。

なぜ、長時間労働はやめられないのか？

長時間労働が常態化している組織を見ると、組織全体、上から下までがすべてそうであるケースも多い。つまり、上が長時間労働をしている場合、下も同様に行っているのだ。

昭和の時代から言われているように、上司よりも早い帰宅には心理的抵抗があるもので、上司が遅くまで残っていれば部下たちも自ずと残業体質となる。

古臭い考えだが、長時間労働を勤勉や献身の証しと見る労働文化や慣習が根強く残っていれば、それに反する行為は難しい。

評価に影響する可能性もあり、同僚からの同調圧力もあろう。上司や同僚との関係が悪くなれば、日々、居心地の悪い思いをする。それならば、付き合い残業をしたほうがマシとなる。そうして組織の上から下までが長時間労働となる。

つまり長時間労働は、上司の責任であり、上司の上司の責任であり、経営者から始まっていることも多い。

経営者から始まっていて、上から下まで長時間労働という会社もあれば、部長クラス以上は比較的早帰りで、課長以下が長時間労働をしている会社もある。後者は、「課長クラスが最も働かなければならない立場である」というような暗黙の共通認識があり、部長以上は定刻近くで帰るというケースだ。

どっちもどっちだが、上から下までというケースのほうが、経営者本人の志向性によるものなので、経営者が代われば、悪しき体質も変わる可能性はある。上に立つ人は、自分が長時間労働をすることで、部下にどのような影響や弊害が及んでいるかに思いを馳せる必要がある。

長時間労働の原因は他にもいくつかある。残業代を稼ぐという金銭的動機も人によってはあるだろう。元「ハーバード・ビジネスレビュー」エグゼクティブエディターのサラ・グリーン・カーマイケルは、人間心理に注目した解釈を紹介している。※1

この説によると、人はさまざまな内面にある要因がないまぜになって、長時間働いてしまうのだという。たとえば野心、男らしさの誇示、欲望、不安、罪悪感、喜び、自尊心、短期的な報酬の魅力、自分が重要であることを証明したいという願望、過剰な義務感……。罪悪感や不安感などネガティブなものも含まれるが、多くはポジティブなものであるという。

実際に複数の研究で、仕事は家庭生活に比べてストレス度が低いことが判明している。人によっては、職場は自信を持って状況をコントロールできる天国のような場所になり得るのだ。

つまり、動機の多くはポジティブなものという解釈がなされているが、それが強迫観念となっていれば、ポジティブとは言えない。とはいえ、人によっては、職場が家庭よりも安心して居られる場所となっているケースもあるということだ。

家事がストレスとなるのは、部分的に家族はそれを目にするものの、他人からは見えず、高品質でスピーディーな家事を行っても評価されない。対価ももらえない。役に立っているという確証が得られづらいのだ。

一方、会社の仕事は、それだけで自分の存在価値が確認できる。仕事によって救われる。だからこそ失業は、金銭以上の打撃を当事者に与えるものなのだ。

テクノロジーの進化で労働時間が長くなる

また、長時間労働の原因として特筆すべきは、テクノロジーの進化が、業務の効率化ではなく逆に作用している可能性があるという点だ。

一つには「常時接続性」が挙げられる。いつでもどこからでも必要な情報にアクセスできるため、職場外でも労働をするはめになる。

インターネットもメールもなかった時代には、退社すれば、よほどの急用でもない限り上司から電話がかかってくることはないので、仕事情報からは完全に切り離された。

しかし今は違う。業務時間外でも職場にいるのと変わらず仕事を続けられるし、対応を求められることもある。いつでもつながっているから、即時対応を期待される面もある。

また、情報過多により、情報の整理、取捨選択に多くの時間を要することもあるだろう。結果として、本来なら効率化を進め、労働時間の短縮に寄与すべきテクノロジーは、逆に長時間労働を誘発している現実があるのだ。

長時間労働の原因をいくつか見てきたが、これらのいずれかが原因というよりも、複合的に絡み合って作用し、誰もが翻弄されている。そこから抜け出すのは容易ではない。

ワーカホリック（仕事中毒）な経営者の悪影響

経営者が原因で組織全体が長時間労働体質となっているケースがある。それをいっこうに顧みないトップはさすがに減っているものの、現在も見聞きはする。

経営トップが猛烈に働くタイプだと社員はつらい。幹部へはトップから、昼夜問わず、週末でも電話やメールがあり、即座に対処しなければならない。

トップの素行は伝染し、幹部は部下へ同様の態度をとる。トップを丸ごと模倣したような、小〇〇（〇〇はトップの名前）なる人物が組織のあちこちに出現する事態をよく見かける。トップは範を示しているつもりかもしれない。しかし、それは時代錯誤な範である。高齢の自分もこれだけ働いているのだから、働き盛りの中堅社員や若手はもっと働いて当然だと思っている節すらある。

しかし、これは理に適ってはいない。企業の業績や発展は経営者の手柄となって社外からも認知される。報酬も従業員の何倍も何十倍も得ている。

経営者にとって仕事は完全に自己目的化している。創業社長などは仕事、会社が人生そのものだ。そういう経営者の多くが、高齢になっても会社を離れない。老害と言われようが、「他に代われる者がいない」などと平気で言う。実際は、立場がなくなったら、人生そのものを失ってしまうに等しいと自身でわかっているからであろう。

仕事は素晴らしいもので、やりがいや名声や信頼など、実に多くのものが得られる、なぜもっと熱心に働かないのか、と信じて疑わない。しかし、従業員の環境や条件はまったく違っていることには想像は及ばない。仕事の良い面だけを見ている。

従業員は、成果も報酬も搾取されている。それが企業というものだ。30年経ってもあまりあがらない賃金。頑張って成果をあげても社外からは認知されない。評価が多少あがって、ボーナスが数万円増えても、世間一般にはまったく見えない。

どんなに貢献しても、成果は会社のものとなる。外から認知されるとすれば肩書くらいで、「お若いのに、〇〇社の部長さんですか、優秀なんですね」といった感じだろうか。だからこれまでは出世に一生懸命になってきた。しかし、現代の若者はそこには価値を見出さない。ゆえに出世には興味がない。

イーロン・マスクが求めるハードコアな働き方

解雇が可能なアメリカでは、経営者の意志はさらに直接的に示される。従業員に過重労働を強いることで、最も世間を騒がせているのはおそらくイーロン・マスクであろう。

マスクは、テスラで成功したリーダーシップのスタイルでツイッター（現X）を経営しようとしている。

「BUSINESS INSIDER」のグレイス・ケイがブルームバーグのニュースレターを引用する形で次のように報じた。

２０２２年にマスクはツイッター（当時、現X）の従業員に対して深夜にメールを送り、「極めてハードコア」に働くか、辞職するかの最後通牒を突き付けたという。そのメールには以下のように書かれていて、その後の大量離職につながったそうだ。

「長時間、強い強度で働くことを意味する。非常に優れたパフォーマンスだけが合格点となる」

ブルームバーグによれば、その10年前にも、マスクは同様の内容で、「ウルトラハードコア」と銘打ったメールをテスラ全社に向けて送ったそうだ。

そのメールには、皆さんがこれまで経験したことのない激務になることを覚悟してほしいと書かれ、さらにフォローアップのメールは「真のテスト」と題され、配偶者や子ども、親戚、友人に「ウルトラハードコア」のメール内容を説明してほしい、と記した。

今後、6カ月にわたって、テスラの社員が家族や友人に会う機会が少なくなり、休暇がほぼなくなるからだ、というのだ。

グレイス・ケイの記事には、マスクが非常に仕事熱心として知られ、週に120時間も働いたことがあること、またテスラの工場やツイッターの本社フロアで寝ていたことなども紹介されている。

マスクは、自分がしたような働き方を、テスラやX（旧ツイッター）の従業員にも期待しているのだろうが、それはどのような結果をもたらすのだろうか。

テスラで成功したと認識されている、経営のあり方、リーダーシップのあり方はソーシャルメディア企業でも奏功するのだろうか。

ソーシャルメディア企業の経営は、マスクの手に負えないものかもしれないと語る専門家もいる。

監視団体「Media Matters for America」のアンジェロ・カルーソン代表は、ツイッター（当時）は静的な製品ではなく、ダイナミックな生命体のようなものという点に着目し、「彼の他の企業での経験は、ツイッターには通用しない」と述べている。※2

タクシーに乗るために残業が行われていた

私が在籍していた米系のコンサルティング会社でも、長時間労働は常態化していた。ある時までは自分もそうしていた。長時間働いていたというより、長時間オフィスにいたと言ったほうが正確であると思う。

毎日のように夜遅くまでオフィスにいることが普通になっていた。悪しき習慣だった。あとから考えれば、ほとんどのケースは必要のないものだった。

プロジェクトが佳境に入り、納期ぎりぎりの追い込みで徹夜というのは、ありがちな状況ではあるが、1～2週間前から計画的に進めていれば、そのような事態にはならない。

無計画に、あるいは直前の追い込みを計算して進めていたから、毎度毎度そのような事態に陥っていたのだ。

もちろん、緊急事態でなくとも、常に皆が遅くまでオフィスにいた。皆がいたから、自分も帰りづらかったという面もあっただろう。早く帰って、暇そうに見られてよいことはないからだ。

やることがなくても遅くまで残る。まさしくブルシット・ジョブだ。

いろいろと情報収集をしたり、表計算ソフトで分析を容易にするプログラムを組んだり、プレゼン用の凝ったチャートを描いたり、ということならまだいい。本来定刻で終わる作業をダラダラと長い時間かけてやり、同僚とおしゃべりをして時間を過ごしている人も多くいた。

タクシー利用に制限がなかったため、2万円以上もかけて帰宅する者もおり、あえて終電の時間を過ぎるまで仕事をしていた状況もあった。

私自身がそのような悪しき習慣から抜け出せた一つのきっかけは、30代半ば、急に思い立って、大学院に通い始めたことだった。平日の夜間と土曜日に通学をした。

その結果、悪しき習慣から抜け出し、客観的に状況を観察できるようになった。最も強く思ったのは、人生の大切な時間を無駄にしていたということだった。

部下に対しても、それまでは本人が遅くまで残りたいのなら、それも構わないと思っていたが、いかに異常な状態かを理解してからは、「遅くまでオフィスにいるのは効率的に仕事ができていない証しである」というメッセージを繰り返し出すようにした。遅くまで働いている人が偉い、という認識を逆転させようと思ったわけだ。

しかし、長年かけて醸成された慣習や文化、行動スタイルは、そう簡単には瓦解しない。私が「遅くまで働く者は効率が悪い」と発するようになってからも、2〜3割くらいのその慣習の根強い支持者にはまったく変化は見られなかった。

社内の手厚すぎる福利厚生施設の良し悪し

最近では少なくなってきているようだが、ひと頃は、アメリカのIT企業などでは、職場で生活のすべてが賄えるような施設を整えるところもあった。

終日食事がとれるカフェや、スポーツ施設、ビリヤードやさまざまなゲームが楽しめるプレイルーム、マッサージルーム、シャワールーム、ヘアーカット、ドライクリーニング……。

目的は、従業員ができるだけ長く職場で過ごせるようにすることだ。かつてニューヨークのウォール街でも、無料の夕食と自宅までのタクシー代の2つの福利厚生が、銀行業界で常態化していた長時間労働を促進する中核的な要素となっていた。

問題は、そうした長時間労働を促す福利厚生施策は従業員、また会社のためになっているのかということだ。

少なくとも、社員にとって人生のウェルビーイングを高める方向には寄与していないように思われる。

会社にとっては、福利厚生施設を充実させ、余暇を会社内に取り込むことで、長時間労働のデメリットがどの程度緩和されるかにかかっていると言えそうだ。

しかし、長時間労働の大きな弊害を考えるのならば、「オフィスは、集中して生産性高く働くための場所であって、仕事以外の目的で長くいる場所ではない」という基本に立ち返る必要があるだろう。

不幸な働き方の元凶、「やりがい搾取」の本質

長時間労働の原因はほかにもある。働く人を仕事を通して不幸にする要因でもある「やりがい搾取」である。

「やりがい搾取」という言葉はもともと、社会学者の本田由紀が著書『軋む社会——教

育・仕事・若者の現在』（河出書房新社）の中などで使ったものだ。

やりがいを搾取するということではなく、企業が仕事に対する「やりがい」を報酬として置き換え、労働者を安い賃金で働かせること、または、「やりがい」を強く意識させることで過剰労働を強いることを指す。

資本の求める仕事と労働者の「やりがい」が一致することによって、不当な搾取状態が見えにくくなり、労働者が自ら搾取率を高めている状態であると、社会学者の阿部真大は言う。

以下、その著書、『会社のなかの「仕事」社会のなかの「仕事」』（光文社新書）を引用しつつ、「やりがい搾取」について考えてみたい。

「やりがい搾取」のポイントは、働く人の「やりがい」が、働いている間に、資本の論理によって歪められ、都合のいいように書き換えられていくという点にあると、阿部は言う。

そしていつしか、企業が提示するものが労働者自身にとっても「仕事のやりがい」となり、資本の求めているものと一致すると、それによって不当な搾取状態が見えにくくなり、「剰余価値を生み出す超過労働に文句を言わず没入していく労働者」という、資本にとってはこの上なく理想的な労働者が生み出されることになる。これが「やりがい搾取」の完成形だ。

どのような場面において、「やりがい搾取」が起こりやすいのだろうか。

サービス産業においては特に、「お客様第一」の精神が、「やりがい搾取」の温床になっている可能性が高い。

客の際限のない要求にすべて応えれば、本来の仕事の範囲を超えて、限りない対応をしていかざるを得なくなる。そうならないためにも、基本に立ち返らなければならない。基本とは、その仕事が本来提供すべき価値である。それが曖昧になっている場合、客側の要求に振り回されることになる。

また、労働者側の「好きなことを仕事にすべき」という考え方も、「やりがい搾取」を引き起こす原因となりやすい。

どの仕事にも内在する諸々の問題から人々の目をそらさせ、企業が労働者の足元を見て、本来よりも低い条件で就業することを強いる環境をつくり出す。仕事への憧れややりがいが、低賃金や長時間労働の免罪符として使われる状況が起こり得る。

あこがれる人が多い業界では、「いやならば、やめればよい」という空気が蔓延し、やりがい搾取が頻発する傾向にある。エンターテインメントやファッション（アパレル）といった業界の問題がしばしば指摘される。

「やりがい搾取」から逃れるためには

労働者が「やりがい搾取」から逃れるためにはどうすればよいのか。「職業の社会的役割の明確化」がまず必要であると、阿部は言う。

現代の日本では、仕事の社会的役割が明確でないため、客（利用者、ユーザー）のニーズが最優先されがちで、それにより仕事が「無限定」に増える状況が生じているということだ。そうして、「やりがい搾取」を生み出す土壌がつくられているというのだ。

「やりがい搾取」の温床であるサービス産業では、「お客様ファースト」の優位性は、かつてないほどに高まって、カスハラ（カスタマーハラスメント）を引き起こし、ひいてはサービスのインフレーションを引き起こしている。

近年、あらゆる業種においてカスハラが問題となっており、ワイドショーなどでもたびたび報じられ、社会問題化している。阿部はいくつかの例を挙げて説明している。

「タクシーの運転手の仕事は客を安全に目的地へと届けること」、「カフェの接客の仕事は、おいしい商品を客に渡すこと」という社会的な合意が崩れると、サービスはインフレーションを起こす。

一度、サービスのレベルがあがると、それをしないと「サービスが悪い店」の烙印を押され、「相互監視」的な性格の強いインターネット社会では店への圧力となる。結果、本来の社会的役割以上のことにも対応せざるを得ない状況となり、スタッフも疲弊していく。

２０１２年にスカイマーク社が機内の座席のポケットに入れた「スカイマーク・サービスコンセプト」のリーフレットで、客室乗務員の社会的役割を「フライト中の何でも屋さん」ではなく、「フライトの安全を守る保安要員」と明確に定めようとしたが、受け入れられず最終的には回収に追い込まれたという。

昨今では、本来、専門サービスの質が重要で、接客面でのサービスにより優劣を判断すべきではない、医療機関や金融機関などもこの流れに巻き込まれつつある。

クチコミサイトなどが他サービス業と同じ発想で運営されているのも問題だが、医療機関でも、患者が過剰なサービスを求めるようになってきている。気に障る点があれば、「感じの悪い医院」というレッテルが貼られる。

ホテルのような内装にして、ホテルスタッフのような制服にしている医療機関が患者の誤解を招いている可能性もある。高品質の医療の提供という本来の役割が裏側に回り、接客サービスが前面に出ることで、本来の社会的役割からそれた仕事が無限定に増える。

患者は、医療の質まではわからないので、誤った情報で医療機関を選んでしまうという本末転倒の状況を招きかねない。

過剰なサービスが働く人々、そして社会を壊す前に、仕事の社会的役割について考え直さなくてはならない。でないと、サービスを要求する消費者の声はどこまでも大きくなり、現場の労働は強化され続けるだろう。「カスハラ」もなくならない。

阿部は次のように結論づけている。

「仕事の真のやりがいとは、会社や顧客に感謝されることではなく、その職業の社会的役割を果たすことにある。こうしたプロ意識を持つことで、組織の論理から生まれる無駄な仕事も減らすことができる。」

とはいえ、仕事でやりがいや、達成感を感じた経験について聞くと、多くの人が誰かから感謝されたことを挙げる。お客様から「ありがとう」と言われた、などだ。職業としての本来の社会的役割を果たして感謝されるのはもちろん望ましい。

しかし、社会的役割からそれたところで感謝されるのを同様に捉えてはいけない。それは仕事のインフレを招き、「やりがい搾取」を生み出す。この点には注意しなければならない。

「やりがい搾取」から逃れる、もう一つの観点

「やりがい搾取」から逃れるために、もう一つ、「仕事から距離をとって、仕事を客観視することで、仕事への没入を回避する」という点を阿部は挙げ、社会学者アーヴィング・ゴフマンの言う「役割距離」という概念を用いて説明している。ユーモアによって役割と距離をとることで、仕事を醒めた目で見ることができ、仕事上の問題を明らかにできるとして、以下のように述べている。

「役割距離は、職場における役割以外にも自分には役割があることを自覚してこそ、とることができるものです。そこにしか自分の「居場所」がないとなれば、職場に没入してしまっても無理はありません。職場以外の「居場所」をもつことで、役割距離をとれるようになるというのは重要なことです。」

「職場のなかに、もうひとつの「居場所」をつくっていく。職場を、組織のなかで求められる仕事（資本が求める仕事）を中心とした職場と、社会のなかで求められる仕事を中心とした職場に二重化すると、片方を足がかりにして片方から距離をとることが可能となるわけです。」

資本が求めてくる仕事とは別次元の「場」を持ち、そこにもコミットしながら仕事をす

るということだ。

しかし、それがない、もしくは機能として弱いと、資本の論理が仕事を全面的に規定し、「無限定」に増える仕事のもとで没入型の「やりがい搾取」を生むと警鐘を鳴らす。

資本が求める仕事とは異なる、もう一つの「場」の中心にあるのは、「職業」という考え方だ。「組織人」に対する「職業人」としての側面と言ってもいい。しかし、一般的に会社内では「職業人」であることを認識するのは難しい。

商店街の青果店や鮮魚店だったら、店主でなく従業員でも、自らの社会的役割は明白であろう。社会との直接的な接点を持っているからだ。

しかし、会社の特定の部署内の一機能を担っている場合——実際にはこのケースが多い——その仕事の社会的役割は社外からは認識できず、自分自身でも認識しづらい。

このように会社員は「職業人」としての側面を持つのが難しくなる。「組織人」の側面一辺倒となり、没入から逃れづらい状況に置かれる。

では、どうすれば自らの役割を客観視できるのだろうか。一つには、外部との接点を増やし、「職業人」としての自分を認識する機会を増やすことだ。この点については後に詳述する。

大学の教員などに適用される「サバティカル休暇」なども有効であろう。「組織人」の側面をいったん削ぎ落とし、「職業人」としての自覚を再確認させて職場に戻す取り組みだ。

「自己実現」を刷り込む会社側の罠

「自己実現」について、私自身は以前から懐疑的に見ており、この思想が強すぎると幸せな働き方から離れてしまうと思っている。

しかし、「自己実現」が大好きな人がかなり多い。書籍や雑誌、セミナーなどで「自己実現」に関する私見を発信するたびに、結構なご批判を浴びてきた。

確かに、社会全体に「自己実現」思想が蔓延している状況だから、なかなか表立って否定しづらいが、今回も懲りずに持論を展開したい。

今回は「やりがい搾取」という文脈からの主張だが、「自己実現」というのは、会社側からの都合のよい刷り込みではないか、という点について述べたい。

「自己実現の欲求」は、よく知られるとおり、マズローの欲求5段階説による、最高次の欲求とされている。「安全の欲求」や「社会的欲求」、「承認の欲求」はすでに満たされているのだから、目指すは「自己実現」ですよと、会社側は言う。

しかし、本当だろうか。職場の人間関係でストレスを溜め、疲弊している状況が普通にあるし、適正な評価が得られていないとの思いは、多くの会社員に共通するのではないだろうか。

「社会的欲求」や「承認の欲求」が満たされているとは言い難い状況にある。

「安全の欲求」はどうか。これは、心身の健康と経済的安定を手に入れ、心身の安全が確保された生活を送りたいという欲求だが、職場ではメンタル上の問題が多発し、ワーキングプアが問題になっているように、心身の安全が確保されていない人も多くいる。

結局、一足飛びに「自己実現の欲求」に行く前に、より低次の欲求（実際には次元の低い欲求だとは思えないが）がまったく満たされていない現状がある。

ハイパフォーマーは、会社を利用して働く

重要なのは、「安全の欲求」も「社会的欲求」も「承認の欲求」も、企業が企業の責任として満たすべきものであり、「自己実現の欲求」はそうではないということだ。

「自己実現」は「自己責任」だ。「自己実現」の中身も人それぞれであり、実現できるかどうかは本人次第だ。職場が問題だとか、評価や報酬に不満だとか言わずに、「自己実現」を目指してひたすら熱心に働く、「都合のいい社員」が企業にとっては一番ありがたい。

そのための刷り込みとして「自己実現」を持ち出しているにすぎないのではないかという見方は、あまりにも懐疑的すぎるだろうか。

「自己実現」は果てしない。どこまでいけば、実現された自己にたどりつくのか。多くの人たちは、その具体的なイメージがないままに、「自己実現」を追い求めるから、どこまで行ってもゴールには到達しない。

「自己実現」までの距離を確認するすべもないので、承認や評価を求める。そして一心不乱に働き続ける。決して貢献に見合った高い報酬を求めるわけではない。仕事自体が報酬だからだ。会社にとって、これほど都合のよい労働者はいるだろうか。

しかし、この構図に労働者たちは気づき始めたのではないか。その結果としての「やりがい搾取」への反発であり、「静かな退職」などの「反労働」の動きではないだろうか。先にゴールドマン・サックス社の危機感を紹介したが、資本側にとっては由々しき事態である。

では、なぜ労働者たちは気づき始めたのか。「仕事の報酬は仕事だと思って、熱心に働いてきたのに、報われないではないか」という思いが背景にあると思われる。

特に日本においては30年もの間、経済も成長していないし、組織内のポストも増えていない。頑張っても、立場も給料もあがらない。頑張ろうが頑張るまいが、置かれた状況はそう変わらない。ならば、ほどほどに働けばいいではないか。あるいは、必要最低限だけ働けばいいではないか。それでも何も変わらないのだから――。これが本音であろう。

そんな中でも、人一倍熱心に働いて、高い貢献をしている人たちもいる。ハイパフォーマーたちである。

彼らはなぜ、「反労働」の潮流に乗らずに、熱心に働き続けているのだろうか。

一見、昨今の流れに反しているようにも見える。しかし、私自身、ハイパフォーマーを30年以上研究して、彼らは「自己実現」を目指しているわけではない、と理解した。最初から仕事に多くを期待していないと言ってもいい。金銭以外の多くのものを得られるから、一生懸命働こうとしているわけではない。

彼らは動く前にあれこれ考えない。動いてみて成果をあげる中で、意味を見つけている。与えられた意味ではなく、自分なりの「境地」のようなものだ。また、さほど考えずに成果をあげ続ける。どうせやらなければならないのだから、楽しくやりたい、くらいの気持ちだ。

資本家が描いた組織の論理にはまってはいない。むしろそれを逆手に取っている。会社を利用する、という発想で働いているのだ。

この「会社を利用する」働き方ができている点が、ハイパフォーマーとそれ以外とを分ける顕著な違いとなっている。

賃金労働のメリットを最大化する人々

ハイパフォーマーは、賃金労働のメリットを最大限に使い、デメリットを極小化している。だから、「幸せな働き方」ができている。

一方、その他の多くの人は、逆になっている。メリットをほとんど享受せず、デメリットばかりが大きくなっている。結果、「不幸せな働き方」、苦しい労働となっている。

では、賃金労働のメリットとは何か。まずは安定が挙げられる。だからこそ、週末には他のことにも挑戦できる。一人で職人をしていたら、そのような安定はない。いつ稼げなくなるかわからない。製品づくりに失敗したら、収入は得られない。会社勤めなら、仕事で失敗をしても給料は支払われる。

会社勤めの場合、日本では解雇はされなくても、実績があがらない状態が続けば、左遷や退職勧奨はあり得る。会社の業績が思わしくなければ、その可能性は高まる。

しかし、パフォーマンスをあげている以上は、会社が経営破綻でもしない限り、クビになることはない。また、自らの判断で辞めても、ハイパフォーマーならば、他社でも活躍できる。キャリア安定性は保たれるのだ。

2つ目のメリットは、会社のリソースが使えることだ。会社の看板（ブランド）、つまり信用力、設備や器具、情報システムなど、その他、人や専門性、情報、ノウハウなどだ。

一人でできることには限りがあるが、会社のリソースを使えば、規模が大きく、より多様な仕事ができる。

私が米系のコンサルティング会社に在籍していた時、仕事の多くは会社の信用力で入ってきたし、会社に蓄積されたノウハウや経験知で、たいていの問題には対処できた。

一人でできる経験は限られるが、100人いれば100倍になる。50年間の歴史があれば、さらに50倍、経験知は5000倍となる。常に最新の情報がもたらされたし、社内で少し調べれば、同様の課題へのアプローチ方法が必ず見つかった。

3つ目として、一緒に働く仲間の存在だ。良好な関係の維持が前提になるが、目標を達成したら共に喜び、苦境に陥ったら助け合える仲間がいるということは、このうえなく素晴らしい。

会社で働くデメリットを最小化する

一方、賃金労働のデメリットについて考えてみると、まずは、管理されていることだ。管理されている中で、決められた時間働かなければならない。「ブルシット・ジョブ」の章で述べたように、やることがなくても、勤務時間内は働くふりをしなければならない。しかし、実績をあげ続け、上司や会社から十分な信頼を得ていれば、権限移譲がなされ、自由裁量のもとに仕事ができる。時間管理も任されるであろう。

デメリットの2つ目は、人間関係に関する疲弊だ。ストレスの一番にあがるのは常にこれだ。関係性が良好ならばモチベーションになるが、そうでなければストレスになる。

ハイパフォーマーは、3つのメリットを存分に享受できると同時に、2つのデメリットは、パフォーマンスをあげることでクリアする。限定的にしか管理はされず、貢献度高く仕事をするので、周囲との関係性も良好となり、ストレスより、むしろモチベーションとなる。

一方、多くの人は、賃金労働のデメリットの2つは、そのままデメリットとして重くのしかかる一方で、メリットの3つも、ごく限定的にしか享受できていない。

結局、多くの人たちは、会社が描いた組織の論理にすっかり取り込まれるが、ハイパフォーマーは、そこから抜け出したうえで、組織に属していることのメリットを最大限に活かしている。その結果として、組織にもより多くの貢献をしている。

これが組織と人の自立した関係と言えるのではないだろうか。

「仕事の報酬は仕事」は諸悪の根源

会社は、「仕事の報酬は仕事」と好んで言うことがある。「自己実現」の思想に染まっている人は、特に違和感なく受け入れるかもしれない。

しかし、長時間労働や「やりがい搾取」の観点からは、とても危険な思想である。

20代の頃に働いた国内のコンサルティング会社では、毎月の全体会議の際に、横軸が労働時間、縦軸が売上額のマトリクスに、コンサルタント全員の名前がプロットされている資料が全員に配られていた。

この売上額は、プロジェクトごとに得られたコンサルティングフィーを個人に配分したものだ。月間の労働時間が３００時間に届いていないと、「問題社員」と見られた。一方、４００時間を超えると危険水域と言われていたが、毎月ちらほらいた。週末も普通に出社していたわけだ。

このグラフの右上の象限、つまり長時間労働で、売上も高い社員が賞賛され、いくら売上をあげても、労働時間が短い左上の象限に入っていると、怠け者のように見られた。効率的に成果をあげることが望ましいとは考えられていなかったのだ。

古き悪しき文化が浸透していたが、この会社では、「仕事の報酬は仕事」とよく言われた。成果をあげれば、より大きな重要な仕事が任され、どんどん成長できるというわけだ。仕事の報酬は給料ではないのである。

あとで知ったが、「仕事の報酬は仕事」は、某大手メーカーの受け売りだった。その会社も強烈な文化を持っていた。文化とは怖いもので、この方針に対して当時は何の疑問も持たなかった。当然のことと受け止めていた。確かにそうだと。その文化が奏功し、その某大手メーカーほどではないながらも、会社は急成長した。

「仕事の報酬は仕事」という考え方は資本主義経済に最も合致した方針だ。この考えを組織に浸透できれば、従業員は過重労働に対して給料が低すぎるなどと言わず、全精力をつぎ込んで会社のために働く。

一方、従業員にとって、何一つ良いことはなかったとも言い切れない面もある。修羅場体験から得られるとされる、胆力や忍耐、楽観性などは身についたように思わないでもない。何しろ、一年中修羅場だったのだから。

その代わり、私生活のすべてを犠牲にした代償も大きかったことは間違いない。

長時間労働は害悪ばかり

長時間労働と「やりがい搾取」について見てきたが、一番重要なのは、「そもそも長時間労働は有効なのか」ということだ。

はたして、長時間労働によって生産性があがったり、成果が出たりするのであろうか。

諸々の調査から、どんな理由があっても、長時間労働にはメリットは何一つないことが明らかになっている。従業員と会社の両方に有害であることを示す非常に多くの証拠があると、先に紹介したサラ・グリーン・カーマイケルは言う。

フィンランド労働衛生研究所のマリアナ・ヴィルタネンらが行った数多くの調査によると、過重労働およびそれに伴うストレスは、睡眠障害、うつ病、過度の飲酒、糖尿病、記憶障害、心臓病など、あらゆる種類の健康問題を引き起こすことが明らかになったという。※1

WHO（世界保健機関）の調査によると、週に55時間以上働く人は、35～40時間の人と比べて、脳卒中を発症するリスクが35％高く、心臓病で死亡するリスクが17％高いことがわかった。

日本でも1990年代後半から2000年代にかけて、過度なストレスや疲労による過労死が増え、社会問題化した。バブル崩壊後の1994年から過労死認定の件数が増加していった。厚生労働省の調査によると、94年は32件だったのに対し、95年以降は70〜90件と2倍以上に増加した。

そして2000年代に入り、300件超えの年が続くようになった。2000年代、不景気を背景にブラック企業などが増加し、長時間労働などの負担が急増したことも一因である。

長時間労働は、生産性の低下を招き、心身へダメージを与え、ワークライフバランスを壊すことで、従業員のモチベーションの低下を招く。感情労働を強いられる対人サービス業においては、事態はより深刻となる。

また、テクノロジーの利用で効率的に仕事を進めようとする意識も薄くなりがちだ。成果をあげることよりも、長い時間働くことに重点を置きがちとなる。ホワイトカラーの多くは成果が目に見えづらいがゆえに、長時間労働という目に見える行為によって、貢献を示さざるを得ない面もあるのかもしれない。

強いられるのではなく、好きで長時間働くのならば問題ない、との意見もあるだろう。

しかし、人は自分が思う以上に疲れやすいのだという。その結果、知らず知らずのうちにバーンアウト（先述）に向かっているのかもしれないのだ。

アメリカでの調査では、5〜6時間しか睡眠をとらなくても作業効率が下がらない人は、全人口の1〜3％にすぎない。さらに、「自分は睡眠が少なくても大丈夫」と考えているアメリカ人の中で、実際に大丈夫なのはたった5％だった。※3

長時間労働を絶対にしてはならないというわけではない。それを常態化すべきではないということだ。深刻な危機をどうしても乗り切る必要がある時に、週60時間労働を1〜2週間するのであれば問題ないと、「ウォール・ストリート・ジャーナル」の元コラムニストのメリンダ・ベックは述べている。

「週4日勤務制」が支持される5つの理由

昨今、週休3日制の話も聞くようになった。そうなれば、ケインズの予言ほどではないにしても、相応に労働時間は削減される。残り4日間の労働時間を増やさなければの話だが。

「フォーブス」は、バーニー・サンダース米上院議員が給与を減らさずに週32時間労働を

実現する法案を提出したことを報じた。記事では、週4日勤務が支持される5つの理由として次のような内容を挙げている。※4

▼オフィスへの復帰に抵抗する従業員

ここ数年、リモートワークの自律性と柔軟性を享受した従業員は、フルタイムでの出社に消極的になっている……。

▼金曜日は非生産的

テキサスA&M大学の調査によると、金曜午後は従業員の生産性が最も低く、タイプミスが大幅に増える。

▼週4日勤務の実験が成功

4 Day Week Globalが実施した週4日勤務制度の試験運用では、ほとんどの企業が、この制度を恒久化し、1年後の調査では、大多数の組織が従業員のウェルビーイングに好影響があったと回答。

▼週4日勤務は企業文化にも利益

エクソスの調査では、週4日勤務では、組織に支えられていると感じる従業員が前向きになり、効率が向上する。従業員のウェルビーイングと会社業績の双方が改善された。

▼AIが週4日勤務を必然にする

一部専門家はAIが週4日労働を加速させると考える。「Tech.co」の調査によると、週4日勤務制の企業の29％がAIを広く活用、週5日勤務の会社の同程度の使用は9％。

まやかしの週4日勤務制は、効果がない

週4日勤務に関する他の調査を見てみよう。2022年に 4 Day Week Global などが実施した週4日勤務を検討する試験的プログラムに、英国に本社がある企業60社以上が参加した。うち92％が試験的実施を続けると回答し、29％が本格採用を決めた。参加企業の収益が平均1・4％増えたほか、従業員の離職可能性が57％低下し、有給病気休暇の取得日数は65％減ったという。

従業員が自分の時間を自分のものとし、最適な形で使うことを企業が推奨すると、従業

員のストレスは低減し、自主性とモチベーションが高まる効果が大きいと思われる。

つまり、本来は4日間（あるいは3日間かもしれないが）で完了する仕事を5日間に引き延ばして、あえて時間をかけて完了させてきたのであろう。無駄を省き、効率化の工夫をし、集中して仕事をすれば、週4日間で十分なのだと示している。

日本企業でも「週4日勤務制（週休3日制）」を検討する企業が出てきているが、本来の「週4日勤務制」とは異なっているようだ。

ある企業では、新たに休みにする1日分については、別日の勤務時間をその分延ばすことで、週の総労働時間は確保する案となっている。これでは、勤務日が長時間労働となってしまい、生産性はかえって低下する。従業員のウェルビーイングにも良い影響は望めない。

実際に、1960年代から70年代にかけて、海外では、多くの組織が週4日勤務の導入を検討した。だが、週40時間の労働時間を4日に凝縮するもので、期待した結果は得られなかった。重要な要因が考慮されていなかったからだ。労働時間と生産性の間には非線形の関係があり、労働時間が増えるごとに生産性は低下するのだ。

他の日本企業には、1日分の給料を減らして週休3日にするというものもある。これなどは、雇用を薄く広く減らすということと変わらない。

このような、「労働時間維持型」や「給与減額型」では、「週4日勤務制（週休3日制）」は機能しないであろう。本来の「週4日勤務制」による効果やメリットは得られないからだ。

第5章

会社と仕事への依存に、危機感を抱く人々

人の価値を決めるのは、仕事と成功なのか

息子が中学校で野球部に所属していた時に、多くのパパ友たちと知り合う機会を得た。初対面では互いに遠慮して当たり障りのない会話をしたが、2度、3度と会ううちに、誰からともなく、自然と仕事の話をするようになっていった。

やはり、どんな仕事をしているのかを知らないと、人物の全体像がつかめず、会話をしづらいと誰もが感じていたからであろう。何にも増して仕事への興味が強かったとも言える。

やや極端に言うならば、仕事を聞けば、これまでの人生をどのように生きてきたかをおおよそ想像できる。

ピュー・リサーチ・センターが「人生に意味をもたらすこと」についてアメリカ人を対象にアンケート調査を実施したところ、回答者は「配偶者」よりもほぼ2倍の確率で「キャリア」を挙げていたという。

小学生に将来の夢を聞くと、たいていは職業を答える。「宇宙に行く」でもよさそうだが、「宇宙飛行士になる」となる。「生計を立てること」が前提となっているのだ。

憧れの職業も、スポーツ選手やパイロット、ケーキ屋さんといったあたりは夢があるが、

年齢があがるにしたがって、医師や公務員などが増えてくる。医師はともかく、公務員などはどんな仕事内容なのか、小・中学生にはイメージがつかないであろう。どこかから、高収入や安定性といったインプットがあるのだろうと想像がつく。

「誰それは成功している」と言う時、たいてい大金を稼いでいることを指している。健康で自然に囲まれた生活を指すわけではない。金銭が「成功」の定義として極めてわかりやすいことも、多くの人に受け入れられる要因であろう。SNSなどは、もはや「成功」しているというイメージのアピール合戦の場となっている。

このように現代は、仕事が生活の中心であり、より多くを稼ぐ人が偉いという風潮が蔓延している。そして、より多くを稼ぐためには、より多く働かなければならないと考える。

ここ数十年で起きているのは――特にアメリカで顕著なようだが――高学歴で高所得のホワイトカラー労働者ほど長時間働くという現象だ。本来さほど働く必要のない人たちがそれまで以上に働いている。彼らは、富と引き換えに、余暇を得る代わりに、さらなる労働を選択したのだ。

休日を振り返り、だらだらと過ごして、何一つ生産的な活動ができなかった時に罪悪感を覚えてしまうのは、「より多く稼ぐには、より多く働かなければならない」という考えが浸透しているからなのだろう。

古代ギリシャの労働観からすれば、だらだらとした休日は、何よりも望ましい一日の過ごし方であったに違いないのだが。

労働に価値を見出させたキリスト教

「働く」ということが、長い歴史の中でどのように捉えられてきたのかを見ておきたい。「働くことはそれ自体に意味がある」とか、「自己実現につながる労働」という、現代の主流をなす労働観はもともとあったのか、それともある段階から生まれてきたものなのか。

労働の歴史的変遷を語る時、古代ギリシャから始めることが多い。西欧的な労働観を語る出発点がそこにあるからだ。そして、中世から近代への時代の流れの中で様々な変貌を遂げながら、現代の労働観へとつながっていく。

古代ギリシャはポリス社会である。このポリス社会の形成と発展の過程で、「働く」ということに関して一定の方向性が定着した。労働の労は「労苦」の労だった。まともな人間ならできるだけ避けて通るべきものが労働である、というのが常識だった。

だからこそ、ソクラテスやプラトンは哲学を論じ、アルキメデスやピタゴラスは数々の原理や定理を発見できた。「労働」に妨げられることなく、知的探求に時間とエネルギーを費やすことができたからだ。それこそが市民としての理想的な生き方だった。魂の自由と徳のある生き方を保持するためには、労働の虜になってはならない。古代ギリシャの哲人たちはそのように考えていたのである。

古代ギリシャ人たちは、余暇をとてつもなく大事にしていた。アリストテレスが、「余暇が物事の要であり、すべてはそれを中心に回転している」という言葉を残しているくらいだ。余暇こそ「真の活動」だというのが、彼らの共通認識だったのである。

古代ギリシャにかかわらず、ほとんどの文明において、余暇（レジャー）は地位の象徴だった。レジャーという言葉自体、「仕事や奉仕を控えることが許される」という意味のラテン語「licere（リセレ）」から派生したものだ。

初代キリスト教会の活動が広がる中で、古代ギリシャ的な労働観は次第に薄れていくことになる。初代キリスト教会形成プロセスの一番の立役者は聖パウロである。パウロは書簡の中で、キリスト者としての労働のあり方についても、「働きたくない者は、食べてはならない」と語っている。「働かざる者食うべからず」の原典がここにある。

落ち着いた生活をし、自分の仕事に励み、自分の手で働くように努めることを促している。それが職業人としてのキリスト者にふさわしい姿であると。優良ポリス市民たちが最も忌み嫌った「手仕事」の大切さを説いている。現に、パウロはテント造りの職人であり、イエス・キリストは大工だったと伝えられている。

中世になると、労働は修道院制度の中に組み込まれていく。中世の時代、労働は祈りや冥想と共に重要な行いの一つになった。修道院の合言葉であった「祈りかつ働け」が社会一般の認識としても定着したのである。祈りに裏づけられた労働を通じて、より徳の高い自己を完成する。それを目指すことが、良き中世市民に求められる姿勢であった。

16世紀になり、マルティン・ルターの宗教改革は伝統的労働観にさらに大きな変容をもたらした。教会や司祭の権威は否定され、個々の信徒は神と直接向き合うようになる。「働くことは神への奉仕であり、道徳的義務である」とする価値観が広まっていった。魂の救済の確証を仕事に求めたのだ。

禁欲的に働き、富を得ることができれば、それ自体が神の意志に適っている証拠であり、神の救済の確信につながるという、プロテスタンティズムの倫理観が形成される。そして、労働の苦しみはそれ自体が善であり気高いものである、したがって労働そのものに意味があるという現代の労働観につながることになる。

こうしてプロテスタントは、労働そのものに価値を認め、「（神の）呼ぶ声」という意味の「calling（天職）」といった概念にたどり着く。こうしたプロテスタントの精神に資本主義成立の根拠を求めたのが、『プロテスタンティズムの倫理と資本主義の精神』のマックス・

ウェーバーである。

産業革命が労働から自律性を失わせた

18世紀半ばから19世紀にかけて産業革命が起こり、人々が働く場所も働き方も一変した。近代前期は家内制手工業の時代であり、手仕事に勤しむ人々は職人だった。しかし、工場が出現し、職人は家から出て、他の人々と一カ所に集合して働くことになる。工場で働くようになった職人は「労働者」となる。生産に用いられる設備や道具は工場経営者が所有する。かつては自らの道具を用いて生産していた労働者は、「生産手段」を失ったということになる。

職人は、自分の考えで働く（生産する）ことができる。しかし工場労働者となれば、生産手段を所有せず、賃労働に従事しているため、自らの意思で働くことができなくなる。つまり、労働の自律性を失ってしまうのだ。

カール・マルクスは、このように労働者が、生産手段を所有する経営者（資本家）から搾取され、生産物や生産過程から疎外される様子を明らかにした。

フランスの哲学者ベルナール・スティグレールは、『象徴の貧困』（新評論）の中で、「資本主義の高度化が行き着くところまで行くと、やがて資本主義の価値観を完全に内面化してしまい、自己を失った人間が出てくる」と述べている。

自律的労働が失われた状態で資本主義や生産様式が高度化していくと、ますます労働者は自分がどんな仕事をしているのか、何のために働いているのかがわからなくなる。

製品がラインで製造されるようになれば、作業の細分化と分業が進み、その一部分を担う労働者は単調な作業に従事することになる。職人が、生産全体を独力で担う熟練的な働き方をするのとは真逆だ。

サービス業も同様である。働き方が高度にマニュアル化されると、接客の態度すらも管理の対象となり、やはり労働者の自律性が失われることになる。

経済学者のケインズは、「21世紀になると人類にとっての経済問題は解決し、人々は働かなくてもよくなり、労働観も変わることから、余暇を有効に使える人生をわきまえた人が尊敬されるようになる」と考えた。ここまで来て、古代ギリシャの労働観に再び近づくはずであった。しかし、そうはならなかった。

先に紹介した文化人類学者のデヴィッド・グレーバーは、『ブルシット・ジョブ』の中で、テクノロジーがむしろ無意味な仕事をつくりだすことに使われたからだと説明している。

多くのホワイトカラーは、週40～50時間働いていることになっていながら、実際はわずか15時間程度で、残りは無駄に時間を過ごしているという。その仕事がどれだけ無意味でも、規律を守って長時間働くこと自体が自らを価値づけるという現代の労働倫理観がある。

以上のように、もともと仕事が生活の中心にあったわけではない。ヨーロッパ中世以前は、仕事をする者が偉いという考え方はなく、むしろ、生産行為は下賤な者のすることだった。

先述したように、プロテスタンティズムの広がりによる変化はあったにせよ、「労働観」に関する価値観を大きく変えたのは産業革命である。

大量生産のシステムを構築し、ビジネスで成功した経営者（資本家）たちは、宗教者や王侯貴族に代わって、その資本力によって社会を動かす主役となっていく。経済で覇権を握る者が、政治でも力を得ることになる。

現代は、若者たちを中心に、社会への貢献が人間の価値を決める、という考え方も広がりつつあるが、まだ主流にはなっていない。

やはり産業革命以降、さらには大量生産・大量消費が実現して広がった「仕事を通じた経済的な成功が人間の価値を決める」という労働観が現代も支配的なのだ。

ワーカホリックの人が逃れたい感情

先にも述べたが、多くの人が仕事によって救われている、あるいは仕事に救いを求めている面がある。この心理こそが、労働者をワーカホリック（仕事中毒）へ向かわせる。働いてさえいれば、自分に価値を感じることができるのだ。同時に、他人にも自分の価値を容易に示すことができる。

仕事を取り去ってしまったら、多くの人は自分の価値を感じ、他人に示すことに窮するだろう。途端に不安に駆られるに違いない。それくらい、現代においては、仕事はアイデンティティの中心を占める活動となっているのだ。

米コンサルティング会社CEOである、トニー・シュワルツはワーカホリズムについて、心理学者ブライアン・ロビンソンの以下の説を紹介している。

「ワーカホリズムとは、（中略）仕事へ過度に没入する強迫性障害であり、この状態になると他のほとんどの活動が排除されてしまう」

シュワルツらは、ワーカホリックは依存症の一種で、アルコールや違法薬物、スマホやゲーム、食事や買い物依存などは何らかの感情から逃れるために行われ、仕事依存は、「自分は無能ではないか、無価値ではないか」という感情からの逃避だという。

また、ワーカホリックは、「他の依存症より社会で許容されやすく、金銭でも社会的評価でも報われやすい。ビジネス界では、熱心に長時間働く人が評価される傾向が強い。長時間働けば、自分は価値ある人間だと感じ、無用な不安から逃れられる」と指摘する。

このような特徴を持つ依存症のため、後ろめたさを感じず依存し続けるのだ。※1

忙しいアピールが仕事至上主義を育む

自分は忙しいというアピールに熱心な人がいる。コンサルティング会社に勤めていた時にも、手帳を塗りつぶすことに執念を燃やす同僚がいた。手帳を示しては、「蟻の入る隙間もない」と語っていた。それは、「自分はこんなにも忙しい、必要とされている、価値がある」と自らも確認したいし、他人にも示したいという欲求からだろう。

しかし、スケジュールを埋めるために、必要のない会議に参加し、決して生産的でないアポを入れることに意味はあるのだろうか。

本来はより多くの付加価値を生み出すことに集中すべきだが、より多く動き回ることに価値を置いてしまっている。より多く動けばより多く生産できるという発想から脱却できていない。

皆さんの身近にも、「椅子を温めている暇もない」と、せわしく動き回っている上司や同僚はいないだろうか。それくらい、他人から暇だと思われることへの恐れが強いということである。

休日返上の仕事も似たところがある。最近ではだいぶ減ってきていると聞くが、休日でも平気で部下にメールを送る上司もいる。

そういう上司がいれば、部下も休日にメールチェックするようになる。仕事への熱心さを示すために、即座に返答する。上司も部下も、「仕事に熱心に取り組んでいます」というアピールをし合っている。

ここから、ワーキズム（仕事至上主義）の文化が育まれるわけだ。ワーキズムとは過度にワークを尊ぶイデオロギーのことだ。

この依存から抜け出すには、社会全体として、「長時間労働はほめられない」という共通認識をつくっていく必要があるだろう。「長時間労働の是正」を目的の一つとして2018年に政府が打ち出した「働き方改革」なども、共通認識の醸成という意味では一定の効果があったろう。

前章でも解説したように、長時間労働は有害であるという事実をまずは受け入れる必要がある。特に、経営者や管理職など、組織の上の層が、この点に関する新しい常識を受け入れ、自ら手本になることも含めて発信する必要がある。

長時間働くことで、より多くの成果を得られるという発想を引きずった状態から脱し、時間よりも成果に意識を向けるようにすべきである。

成果志向というと、労働強化のイメージが伴うかもしれないが、実際には管理の対象を時間から成果にシフトさせることで、無用な長時間労働を避けることにつながるのだ。

人々が働きすぎてしまう7つの理由

なぜこの数十年の間に、ワーキズム文化が浸透してきたのか、仕事が人生に占めるウェートが高まっていったのかについて、整理をしておきたい。

▼1　経済的な必要性

生活費や借金の返済、家族の養育費など、経済的な理由で長時間働かなければならない人は多い。短期契約やフリーランスなどの非正規雇用の増加も、安定した収入を得るためにより多くの仕事を引き受ける必要がある状況を生み出している。

▼2　キャリア重視の文化

昇進やキャリアアップのために、上司や同僚に良い印象を与えようと長時間働く人もいる。また、ソーシャルメディアなどで他人の成功を目にする機会が増え、それがプレッシャーとなり、自己実現を求めて仕事に没頭する人が増加している。

▼3　職場文化と社会的期待

多くの企業や業界では、長時間労働が美徳とされる文化が根づいている。上司や同僚からの期待、あるいは社会全体の働き方の慣習が、個人に長時間働くことを強いる場合がある。

▼4　自己実現や達成感

仕事にやりがいや達成感を求める人は、自然と長時間働く。特にミレニアル世代やZ世代では、仕事に意味や目的を求める傾向が強く、自己実現や社会貢献を、仕事を通じて達成しようとする動きがある。

▼5　時間管理の問題

効率的に仕事を進めることができず、結果として長時間働くことになる場合もある。

▼6　テクノロジーの影響

スマートフォンやメールなどのテクノロジーの発達により、勤務時間外でも仕事にアクセスできるようになり、結果として労働時間が延びることがある。

▼7 労働市場の変化

競争が激化し、職場での高い成果が求められるようになった。これにより、長時間労働や仕事への高いコミットメントが常態化している。

これらの理由が組み合わさり、人々はしばしば働きすぎてしまうのだ。

アイデンティティとなっている仕事から離れられない

いつしか、仕事はお金を稼ぐ手段から、アイデンティティそのものとなった。仕事は賃金だけでなく、人生の意味や目的、そして自己実現をもたらすものとなっているのだ。

それに伴って、労働者の関心事も、雇用の安定や職場の安全から、柔軟な働き方や自由裁量、やりがいに変わっていった。これは、アメリカの成り立ちに深く関わっている「資本主義」は「プロテスタントの労働倫理」ととても相性の良い考え方であり、現代のアメリカの労働倫理となってきた。

日本ではもともとは村落共同体などの地域コミュニティが人々の帰属意識やアイデン

ティティの拠り所となっていた。

ところが、特に高度成長期以降、多くの日本人が故郷を離れ、都会で働くようになる。そして、村落共同体に依拠できなくなった人々の多くが、自らの居場所として帰属したのが「会社」であり、「仕事」である。

こうした動きはアメリカでも大きくは変わらない。かつてアメリカでは、教会を中心としたコミュニティに人々は帰属してきた。教会は現在も地域によっては大きな存在であることに変わりないが、宗教の影響力が薄まるにつれ、やはり「職場」や「仕事」が人々の拠り所になっていったのである。

意外に思われるかもしれないが、アメリカでも大企業がある地域などでは、その企業がコミュニティの中心となっている。さらに仕事至上主義が広がってくると、人々は仕事や企業に生活全般を委ねるようになる。

その結果、仕事は生活の糧を稼ぐためだけのものではなく、人生の中心に位置するようになるのだ。

アメリカの「アトランティック」誌でライターを務めるジャーナリストのデレク・トンプソンによれば、「20世紀の間に、仕事はただの作業から、社会的地位を表すもの、自己実現の手段として進化した」という。

仕事がアイデンティティの拠り所になれば、労働者は「仕事の意味」を重視するため、より「働きがい」「やりがい」を求めるようになる。企業も労働者の動機が高まる仕事を提供しようとする。しかし、労働者にとって、手放しで喜べる状況ではない。

会社は、会社の利益になることに関してのみ、従業員の幸福に関心があるわけだが、仕事にやりがいを求めるという発想は会社と利害が合致している。

「お金のために働いているのではない」とか、「やりがいはお金では買えない」などという言葉が、労働至上主義をさらに助長するが、従業員が仕事をアイデンティティとすることは会社にとっては好都合である。職業をアイデンティティにするほど、従業員の定着率と生産性はあがり、労働時間が長くなることは多くの研究が証明しているとおりである。

しかし、労働者側にとってはリスクも大きい。職場の同僚としか交流がなく、仕事のみが自らのアイデンティティとなると、仕事で少し厳しい批判を受けただけで、大失敗したと重く捉えるようになってしまう。仕事における価値イコール自分の価値と捉えているのであれば、当然そうなる。

過労自殺について、「自殺を考えるくらいなら、会社など辞めればいいではないか」と第三者は考える。しかし、当人にしてみれば、もはや仕事が人生のすべてとなってしまっている。正常な思考を働かせる時間的、精神的な余裕も失っている状況に違いないのだ。

また、職を失った場合には、賃金だけでなく、人生の拠り所を失ってしまうことになる。アイデンティティ・クライシスと呼ばれる状態に陥ってしまう。定年退職後など、退役軍人に多く見られるとされる傾向のように自身のアイデンティティをうまくアップデートできなくなってしまうのだ。

宝くじで5億円当たったら仕事を辞めるか？

かつて人材マネジメントに関する業界団体に所属していた時、人事部の管理職を対象とした研修会を年に2回、数年にわたり担当していた。

研修の際に、「宝くじで5億円当たったら、あなたは仕事を辞めますか？　それとも続けますか？」と毎回質問していた。仕事の意味を考えるきっかけにしようとしたわけだ。

5億円あれば、働かなくても一生生きていける。それでも仕事は続けるという人が一定割合いるとの想定があった。結果としては、想定以上に仕事継続派は多かった。各回とも6～7割の人が仕事は続けると答えた。人事部の人が対象なのも関係しているかもしれないが、3割程度かなと想定していたので、毎回確実に過半数になることに少々驚いたものだ。

仕事を続ける理由としては、「社会とのつながりが途絶えるのが怖い」「誰かの役に立っていたいから」などが多く、このあたりは想定通りだった。仕事中心の生活を長年していれば、それ以外の人間関係は維持しづらい。仕事を辞めれば、社会とのつながりが、しばらくの間は途絶える。

また、仕事以外で誰かの役に立つのは簡単ではない。ボランティア活動などもあるが、経験がない場合、継続的に役に立つ姿はイメージしづらい。仕事さえしていれば、社会の役に立っているという実感が持てる。

仕事を続ける理由として想定外に多かったのは、生活のリズム、メリハリについてのコメントだった。「朝9時の出社がなくなったら、怠惰な自分はあっという間に自堕落な生活になる」などの意見だ。

確かに、定刻の出社、退社は、やっかいかもしれないが、不自由の中の自由があって、健全な生活を送る助けなのかもしれない。「特に趣味もなく、突然すべての時間を好きに使っていいと言われても、何をすればいいかわからない」という意見もそれなりにあった。時間があれば、やりたい趣味がある場合にはだいぶ違ってくるのであろう。

仕事は続けるが、「とりあえず、いまの会社は辞める」という意見も一定数聞かれた。「人事の人がそれを言っていいの？」と返してみたりもしたが、他のことにもいろいろ挑戦してみたいようだった。生活を考えなくていいのなら、興味がある仕事をいくつか掛け持ちしてみたいとか、2年ごとに職を変えてみたいなど、好奇心旺盛な意見もあった。

全体を通して感じたのは、仕事から受ける恩恵は給料以外にもいろいろあると同時に、生活のために何かしら我慢している面もある、ということだ。

我慢やストレスが度を越していなければ問題はなく――そのあたりが社会人としての通常運転とも思えるが――やや窮屈な感じを払拭するには、「時間があっても何をすればいいかわからない」という状態で定年退職を迎え、途方に暮れないよう、様々な活動に積極的に取り組んでみることだろう。

そして、仕事以外で本当に好きなこと、情熱を注げることが見つかれば、仕事にも、これまで以上に楽しんで取り組めるに違いない。

仕事に生活が乗っ取られると、何も残らなくなる

アイデンティティの問題以外にも、仕事中心の生き方の弊害は様々ある。

常に精神的な充足感を仕事に期待すると失望が伴う。やりがいや価値を感じることもある一方で、責任や人間関係などで過度のストレスを強いられる。仕事への傾倒は、燃え尽

き症候群やストレスにつながることが調査によって明らかになっている。
また、日本では仕事中心の働き方が出生率低迷の大きな原因にもなっている。アメリカでも職業的な成功への過剰な期待が、若者のうつ病など精神疾患発症率の上昇の一因となっている。

仕事に生活を乗っ取られると、人生の他の要素が隅に追いやられてしまう。アメリカの心理療法士のエステル・ペレルは、「多くの人は自分のとっておきの部分を仕事で使い、家に持ち帰るのは出がらしの部分だ」と述べている。

自分の人間としての価値は、労働者としての価値とイコールだと思えば、そこに搾取される隙が生まれ、低賃金や不利な労働条件を正当化する理由として使われ、前章で述べた「やりがい搾取」を引き起こしてしまう。

労働を金銭獲得の手段ではなく、「やりがい」という言葉で包み込むことで、あたかも人生のすべてであるかのような錯覚を抱かせる。仕事を、やりがいを提供し、自己実現をもたらす神聖なものとすると、業務や職場の問題の指摘を難しくさせるのだ。

仕事に情熱を持つ人ほど、排他的な思考になる

働きすぎは問題だが、仕事を好きになり、情熱を持つこと自体は否定されるべきではない。仕事への情熱は重要だ。生産性と創造性を高め、パフォーマンス向上の原動力になる。企業は、情熱を持った従業員を求め、育てたいと思っている。しかし、その考えが行きすぎると弊害が生まれる可能性がある。

コロラド大学デンバー・ビジネススクールのミジョン・クォンらによる、規模や業種の異なる複数の組織の正社員1245人を対象とした調査で、「自分の仕事を愛するほど、仕事を道徳的な義務だと考えるようになる」ことがわかった。※2

仕事に情熱を抱く従業員ほど、「個人的な喜びのために働くことは道徳的に高潔である」「内発的に動機づけられることは道徳的である」といった言葉に強く同意したのだという。

こうした人々にとって、仕事への愛は個人的な充実感を超えた道徳的な重要性があり、同僚の仕事の動機を自分の道徳的尺度に照らして判断したり、「同僚は『正しい』理由でここにいるのか」と考えたりする傾向が強かった、とクォンらは述べる。

また、「内発的に動機づけられることは道徳的である」という文章に同意した人は、「お金のためだけに仕事をする人は高潔な従業員ではない」「外的報酬によって動機づけられる

従業員は不道徳になりがちである」といった言葉も支持した。自分の仕事を愛している人ほど、外的報酬のために働くことを好ましく思わない傾向があると結論づけられている。

さらに、仕事をより愛する従業員は、道徳的に優っていると考える、より情熱的な同僚を助けることを優先した。一方、他の理由で働く従業員は、情熱的な同僚から支援を受けられず、昇進が難しくなり、重要なプロジェクトから排除される可能性が高かったそうだ。

つまり、仕事に情熱を抱く従業員は、自分を道徳的に優っていると思い、同じ姿勢の同僚を助ける一方で、他の動機のために働く同僚は道徳的に劣っていると見て、様々なペナルティを科すのだ。

対照的に、外的報酬のために働く従業員は、働く理由に関係なく、同僚を平等に扱っていた。つまり、仕事を道徳的義務として情熱を持って働いている従業員は排他的な考えのもとに行動しがちで、逆に、お金のために働く従業員は公平な考えを持っている。この点は、仕事に情熱を持ちすぎることの弊害である。

仕事に情熱を持つことがいけないわけではないが、それによって排他的になり、そうではない同僚を批判的に見て、不当な扱いをしないよう、注意する必要がある。すべての人が同じ熱量を持って仕事に臨むわけではないのだ。

人は、多様な動機で仕事をしており、組織もすべての従業員の貢献を必要としている。

その貢献によって、組織全体の生産性が向上し、パフォーマンスがあがるのだ。

企業も、従業員に情熱を持たせることに価値を置きすぎると、一定の従業員に疎外感を生む可能性があることを認識し、様々な動機を満たすうえでの、職場環境や休暇や福利厚生、能力開発の機会などの体制を整える必要がある。

仕事にやりがいを求める人が投げる侮蔑的な視線

管理職を対象とした研修などで、「皆さんは、仕事にやりがいを求めますか？」と聞いてみることがある。

すると予想通り、「仕事にやりがいを求める」という人が圧倒的多数を占める。毎回全体の8～9割の人たちが挙手する。「やりがいなど求めない」という人は30名いるうちの4～5名といったあたりだ。

「やりがいを求める」に挙手する人は、質問に対して、「何を言っているんだ？」「自分たちは何を聞かれているんだ？」といったような表情をする。

その人たちにとって、仕事にやりがいを求めるのは当たり前なのであろう。仕事はやりがいを求めて行うもの、「仕事＝やりがい」という考えかもしれない。

より興味深いのは、「やりがいなど求めない」に手が挙がった時の、「求める」人々の反応である。「えっ」というような、意味がわからないと言わんばかりのあからさまな表情をする。侮蔑を含んだまなざしを「やりがいなど求めない」人たちに向けるのだ。

研修の参加者はだいたい同じ年齢層で、同等の役職に就いている場合が多いので、仕事にやりがいを求めていないからといって、手を抜いているわけではなく、責任を持ってしっかりと役割を果たしているはずだ。

「やりがいなど求めない」に手を挙げた人に理由を聞くと、「やりがいは感じないよりも感じたほうがいいけど、やりがいを求めて仕事はしていない。結果としてやりがいを感じることはあるが」というようなコメントを得ることが多い。中には、「そんな余裕はない、自分のやりがいなどどうでもいい」という人もいる。

労働=美徳に対する、静かで深い反発

世界中で「反労働」の動きが起こり、日本の若者も、いつの間にか当たり前となってきた労働観に疑問を持ち始めている。「仕事は喜びである」とか、「仕事はそれ自体に意味がある」という考え方に、若者は辟易している。働くのは「お金のため」「生計を立てるた

め」、それでいいのではないかと。

内閣府が実施した「国民生活に関する世論調査」（2019年度）によると、18歳以上の男女の「働く目的」の中で、「お金を得るため」という回答は56・4%である。

年齢別に見ると、「お金を得るために働く」という回答が最も多かったのは30〜39歳で、回答比率は72・2%に達していた。次いで「お金のため」の比率が高かったのが40〜49歳と18〜29歳で、それぞれ70・6%と65・1%だった。若手以上に、30代、40代の働き盛り世代のほうがそう考える傾向が強かった。

同志社大学名誉教授の浜矩子は、著書『人が働くのはお金のためか』（青春出版社）の中で、「なぜ働くのか」に関する書籍14冊についての読者レビュー104点を分析した結果として、次のように述べている。

「いま働いている人々が、労働観の変遷と偉人たちの労働観から示唆を得たいと思うのは、それだけ彼らが、今日的に通念化している労働観に疑念を抱いているからだ。（中略）この疑念と不納得感がどこから来るのかを探り当てて、労働との正しい向き合い方を体得したい。すっきり爽やかな思いとともに、今働き、今を生きたい。レビュアーたちのこうした切実な思いが感じ取れる。」

「労働が喜びであり、それ自体の中に価値が内在していて、だからこそ働くことは人間の本質なのだというとらえ方は、近代以降のものであって、それ以前の古典的世界においては、労働は「労苦」と位置づけられていた、ということの発見は、明らかにレビュアーたちを喜ばせている。」

そして、これまで述べてきたように、書籍のレビュアーたちも、「現代の労働観の特殊性を理解し、そこに揺るぎない普遍性が備わっているわけではないということを認識する。働くことを喜ぶべし、という同調圧力をはねのけようと決意」していると述べる。

生きがいや自己実現のために働くという観念を捨て、「こんな仕事やりたくない、と思う自分に罪悪感を抱く必要はない」とレビュアーたちは読み解き、労働への強迫観念から自らを解放しようと考えている、というのだ。

いま現在、厳しい状況に置かれているから、「仕事は喜びである」という考え方に反発を覚えるのであろう。

非正規社員で生活が困窮していたり、給料があがらない中、経済格差が広がり不平等を覚えていたり、長時間労働でストレスが蓄積していたり、キャリア不安があったり、プライベートな時間とエネルギーはどんどん削られていく……。

こうした状況下では、「仕事は喜び」などと言っている場合ではない、そんなことを言っていられるのは、恵まれた状況にある人だけの戯言ではないのかと考える。

自らが苦しい状況にある中で、恵まれた人の理想論を聞かされれば、誰しも腹立たしさを覚える。働くことの意味を「お金のため、生活のため」以外に求められるのは、恵まれた状態にあるからというのも事実だ。

それゆえ、「働く目的は金銭動機だけでいいの？」「もっと多くのものを仕事に求めるべきじゃないの？」「もっと高次の欲求を満たすべく働くべきじゃないの？」という論調には与しない。

会社に依存する「静かな退職者」、自立するハイパフォーマー

理想と現実とのギャップが不満を呼ぶ。また、「仕事は喜び」という論調が、「やりがい搾取」のベースにあることに気づき、会社に騙されないという思いがあるのかもしれない。企業側からの一種のプロパガンダ、期待の押しつけであると感じても不思議ではない。

浜は次のように述べている。

「21世紀の労働者たちは、カネのために働くのは卑しいという類の論理に鋭く抵抗する傾向が強い。

働くこと自体に内在的価値があるのだから、労働を有り難がり、押し頂かなければいけ

ない。このような考え方をお仕着せられることに、レビュアーたちは、限りなく懐疑的で、限りないうっとうしさを感じている。この感性は、歴史的に見れば決して間違っていなかった。そのことを各種の「人はなぜ働くのか」論から読み取ったレビュアーたちは、大いに歓喜した。」

だからこそ、労働は「労苦」であるという古代ギリシャの労働観に共鳴している。仕事はお金のためにするものと割り切りたいのだ。

そして、「やりがい搾取」をされない働き方を模索している。自分の時間をできるだけ仕事に捧げたくない、必要最低限のことしかしない、という思いが「静かな退職」につながる。しかし、「静かな退職」は本当の自立には至らず、苦況から抜け出せないのが現実だ。

そして、逆説的だが、ハイパフォーマーの働き方が参考になる。

パフォーマンスをあげることで、仕事と程よい距離ができ、自立に成功している。組織人から職業人に近づいているとも言える。

ハイパフォーマーよりも、「静かな退職」者のほうがかえって会社に依存している。本来の社会的役割を認識し、「組織人」から「職業人」になることこそが、「やりがい搾取」から逃れる道なのだ。

第6章

ハイパフォーマーの働き方、隠された真実

幸福に働くための3つの要件

私たちはどれくらい自分の時間を生きているのだろうか。もっと幸せになる働き方はないのだろうか。現代人はあえて疲弊する働き方をしていないだろうか。「バーンアウト（燃え尽き）」と「静かな退職」の二者択一ではなく、持続可能な働き方はないのだろうか。「仕事中心の生活」から脱却し、生活全体のウェルビーイングを高めるにはどうすればよいか。どのように働くべきなのか――。

まずは、ゴールイメージとして、「幸せな労働」について考えてみたい。

売れっ子の芸術家をイメージしよう。作品の構想を練り、製作プロセスやスケジュールを組み立てる。才能を存分に発揮して製作する。作品が出来上がり、高値で売れる――。明らかに幸せな労働と言えよう。もちろん作品を生み出す苦しさはあっても、それをやめようとは思わないだろう。むしろ、苦労があるからこそ、作品完成時の達成感はひとしおであろう。

ここから、「幸せな労働」となるための要件を抽出してみたい。

まずは、自らの意思で、自らの考えで製作を行う。誰かに管理、コントロールされるのではなく、完全に自分のペースで実行する。完成作品が高値で売れれば、しばらくの間、制作をやめることもできるであろう。作品を作り続けなければならないという状況ではない。完全に、自らの自由裁量のもとに仕事をしているのだ。

次に、自らの才能や強みを発揮している。誰しも、自らの強みを発揮したい。第1章でも、ユーダイモニックなウェルビーイング（有意味的な幸福）とは、人間の潜在能力が十分に発揮され、価値ある目的を成し遂げた状態を指すと述べたとおりだ。

人は自分の最も優れた強みを活用しているときに、フロー状態を経験する可能性が高くなるということも述べた。しかし、仕事では常に発揮できるとは限らない。一般的に、自らの強みを発揮して仕事ができている状態は、かなり恵まれているであろう。

また、仕事の成果として作品がある。成果を自分も他人も確認できる。「行動すれば何かしらの結果が出る」のは当たり前と思われるかもしれないが、一般的な仕事ではそうとも言い切れない。

営業職以外のほとんどの職種では、成果はわかりやすい形では出ない。営業職も成績は数字で出るが、組織の方針や戦略に沿っており、チーム単位で営業することも多いため、自らの成果として認識しづらい面もある。

自分の内部にある能力や才能は、外へ出してみないと、どれほどのものかわからない。誰しもそれを知りたいと思う。この能力や才能を外へ出す行為の一つが仕事である。芸術家は作品制作で確認できる。しかし、仕事で強みの発揮や、成果の確認ができない場合、自分の内部にある能力や才能を確認できない。これはとてももどかしい状況である。

以上から、「幸せな労働」を可能とする要件を整理すると、以下のようになる。

①自由裁量
②強みの発揮
③成果の認識（自身での認識、他者による認識）

これらが満たされていれば、「幸せな労働」となる。開業医なら、自らの裁量で自身の能力を存分に発揮して診療を行い、怪我や病気が治って患者さんから感謝される。シンプルにわかりやすく、「幸せな労働」が完結している。政治家の世襲が問題視されるが、子供が親と同じ職業に就く割合が、医師は高いように見える。こうしてみると確かに納得できる。

一方、3つの要件が満たされない場合、「不幸せな労働」となる。会社勤めをし、管理され、強みを発揮できず、指示通りに動く。成果は自分でも他者からも認識されない。成果はすべて会社に帰属する。

結局、資本が介在すると、労働の成果は資本家のものとなる。資本主義社会の原罪である「疎外された労働」の状態だ。自分たちがつくり出したものから引き離され、自己決定力を失い、人間性を喪失した労働となる。このような状況では幸せに働くことは厳しい。

家内制手工業の職人にとって、生み出した製品は、自身の成果だ。労働の成果は引き離されない。結局、3要件を満たす働き方とは、工業化前の「職人的な働き方」ということになる。現代においては、プロフェッショナルと置き換えてもいいであろう。

職人的な働き方に近づくハイパフォーマー

ハイパフォーマーは、会社勤めながらも、このあたりがだいぶ違ってくる。「職人」に近い働き方ができているのだ。

パフォーマンスをあげ続けていることで、信頼され任されているので、自由裁量の範囲も広い。成果があがる方法を考え、自分で仕事を組み立てる。当然、自らの強みを存分に活かして成果をあげる。成果が見えづらい仕事でも、社内的な評価や承認、報酬や昇格などがその代替となる。

成果は当人も、周囲にも認知される。場合によっては社外への発信の機会も得て、世間に認識される。こうして、「幸せな労働」を可能とする3要件がおおよそ満たされるのだ。プロフェッショナルとして、職人的な仕事の仕方に近づくことができているのだ。

高いパフォーマンスにより、時間や裁量など、奪われていたものを少しずつ取り戻すことができる。

賃金労働のデメリットのほとんどは、成果をあげ、信頼され、任され、また一目置かれることで、解除される。労働が生活から離れるほど、労働者は仕事に嫌悪感を抱く傾向があるが、プロフェッショナルになれば、生活から離れていた仕事が再び生活に近づいてくるのだ。

一般的に、働く人の裁量余地が少なく、強みが発揮できないのは、会社側の管理にも問題がある。

現代は、ホワイトカラーやサービス業の従事者が多くなっているが、管理は20世紀の工場労働者に対するイメージのままで矛盾が生じている。たくさん働くほど、成果が高まる、監視しないと従業者は怠ける、などの考え方だ。この管理が閉塞感につながっている。しかし、ハイパフォーマーは、そこから抜け出しているのだ。

「楽しくやろう」と働いたから、成果があがった

職場で楽しそうに働く人と、苦しそうに働く人の最も大きな違いは「自律性」である。自らの意思で動くのか、やらされているのかの違いだ。

自律的に働く人は、やはりハイパフォーマーに多い。任されているので、自由裁量の余地が大きく、存分に強みを発揮し、高い成果を出して、評価され、承認され、好循環が回りやすくなる。こうして、3要件が満たされていく。結果、比較的楽しく仕事ができるようになるのだ。

本書の冒頭でも書いたが、結局、仕事を通して幸福を感じるには、パフォーマンスをあげることが早道だ。それをせずして3要件を満たすのは容易ではない。パフォーマンスをあげずに、信頼され、任される可能性は極めて低いからだ。

必要以上に仕事に労力を割きたくないからといって、「静かな退職」をして、負担が少なく楽しく働けるかといえば、決してそうではない。それは、「静かな退職」が増え続けているのに伴い、ストレスも右肩あがりに増加しているという調査結果からも見て取れる。

高い成果には、長時間労働のイメージがあり、ウェルビーイングは低下すると思うかもしれない。しかし、成果をあげない働き方に、やりがいは感じられるのだろうか。簡単に成果をあげられるものに、人はやりがいや達成感を得られない。オンラインゲームでもそうだが、初心者でもすぐにクリアできるものでは達成感を得られないのと同様だ。

結果重視は、「結果さえ出れば労働時間は関係ない」という点において、むしろ長時間労働を避ける手段でもある。ホワイトカラーの場合、成果が見えにくい面があるので、長く働けば成果が出るはずだという、生産現場の発想で長時間労働を強いられている側面がある。

「静かな退職」をすると、仕事がますます苦しくなっている可能性が高い。そういう人に対して、管理者も信頼して任せようとは思わないからだ。無駄なことをいっさいせず、他者を助けようともしないのだから、周囲との関係性も良くなりようがない。

ハイパフォーマーの中には、「実績をあげて組織に貢献しよう」と取り組んだ結果として高い成果をあげた人もいるが、先にも述べたとおり、「どうせやるならば楽しくやろう」とした結果、成果があがった人のほうがむしろ多い。

最初から成果はあがらないので、3要件を急に満たすことはできないが、少しでも楽しくやろうとの思いから、限られた裁量の中で、自分なりの工夫をして、少しずつ成果をあげていき、徐々に裁量の範囲を広げていったのである。

会社での仕事が苦しいと感じる原因

幸せに働くための3要件が満たされていないだけでなく、「過重労働」や「人間関係の問題」が加わると、さらに仕事は苦しいものとなる。

仕事は「ほどほどでいい」という思いに至る場合のその真意は、一つは、仕事に時間を奪われすぎている、仕事以外にも時間を割きたいということ。そしてもう一つは、「人間関係で疲弊したくない」という側面があると考えられる。

長時間労働が続いて休みがとれなければ、心身ともに疲弊していく。上司や同僚など、周囲との関係が良くない場合、毎日のことだけに、ストレスはどんどん蓄積していく。

適切な休暇や休息や、コミュニケーション改善に取り組めば、多少の状況改善は期待できる。しかし、根本的な解決にはならない。職場が多忙になれば、また同様な状況に戻ることは容易に想像できる。

極論するならば、多忙な状況の中にあってもストレスを溜めない、疲弊しない働き方ができなければならないのだ。

「ブルシット・ジョブ」について、第3章で私自身の経験を振り返ったが、多くの時間を仕事に費やしたのが苦しかったわけではなく、自分の意思に反した業務に時間を割かなければならなかったから苦しかったのだ。

強みが発揮できず、実施方法も決められていたので裁量の余地も限定的で、何かを達成するという目的ではないため、成果も認識できなかったわけだ。

根本的に解決するうえでは、「自由裁量」「強みの発揮」「成果の認識」の3要件を満たす必要がある。管理者の立場にある人は比較的対処しやすいが、そうでない場合は上司の協力が必要だ。

上司には、各人の強みが発揮できる役割を付与し、可能な範囲で権限を与え、また、成果が認識できるように承認、評価することが求められる。

しかし、残念ながらそのような優れた管理者は多くない。全体の1割いればいいほうではないだろうか。

職場に欠かせず、影響力が強い人ほど幸せになる

先に述べた通り、幸せに働くための3要件を言い換えれば、「職人的な働き方」となる。では、「職人的な働き方」はどのようにすれば実現可能なのだろうか。

まず、職人的な仕事は、会社員にとって縁遠いものではない。本来は誰もが持っている根本的な欲求に根差したものだ。

誰しも、自らの技や強みを磨いてそれを発揮し、成し遂げた仕事に意義を感じ、達成感を得たい。誰にでもできることをしても達成感は得られない。

優れた職人は、最高の仕事をするために自らの技や強みを磨く、磨いた技や強みで最高

品質の仕事をしようとする。そこに本質的なモチベーションが働く。またその点にプライドを持っている。

職人だけでなく、どんな仕事にもそのような側面はある。会社員にも、職人的な仕事をする余地は必ずある。

あなたの現在の仕事で卓越性が求められるのは、どんな点だろうか。上司や同僚が、「あなたにいてもらわなければ困る」と思うとしたら、どのような点だろうか。

卓越し、周囲から頼りにされる仕事が一つでも確立できれば、あなたはハイパフォーマーのメリットを享受し、会社員ながら「職人的な働き方」が可能となる。

必ずしも飛び抜けたパフォーマンスをあげなくても、一定のパフォーマンスをあげつつ、何らかの面で頼りにされている状態がつくれれば十分なのだ。

職場に欠かせない存在になれば、自由裁量のもと自律的に働きやすくなり、発言力も増し、自らのウェルビーイングを押しあげられる。ハイパフォーマーたちのように。

ある調査によれば、「職場での影響力」と「幸福度」の相関関係を探ると、日本は両者の関連性が比較的強いことがわかった（「同調から個をひらく社会へ」コクヨ×京都大学）。日本では特に、意見が尊重され職場に影響を与えている人ほど幸せを感じやすいという。

それならば、職場で影響力を持ちやすい高い役職の人ほど幸せかといえば、そう単純で

図表6-1　「職場での影響力」と「幸福度」の相関

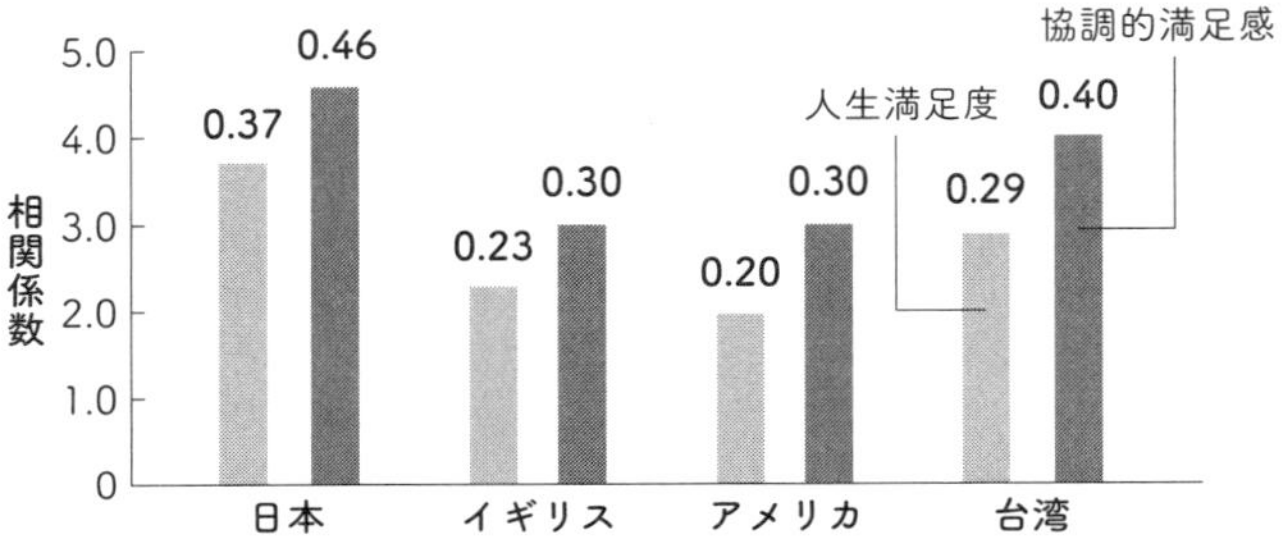

※相関係数：－1～＋1の値をとり、＋1に近づくほど正の相関が強く、－1に近づくほど負の相関が強いことを示す
出所：「同調から個をひらく社会へ——文化比較から紐解く日本の働く幸せ」コクヨ×京都大学共同研究レポート

図表6-2　「出世（役職の高さ）」と「幸福度」の相関

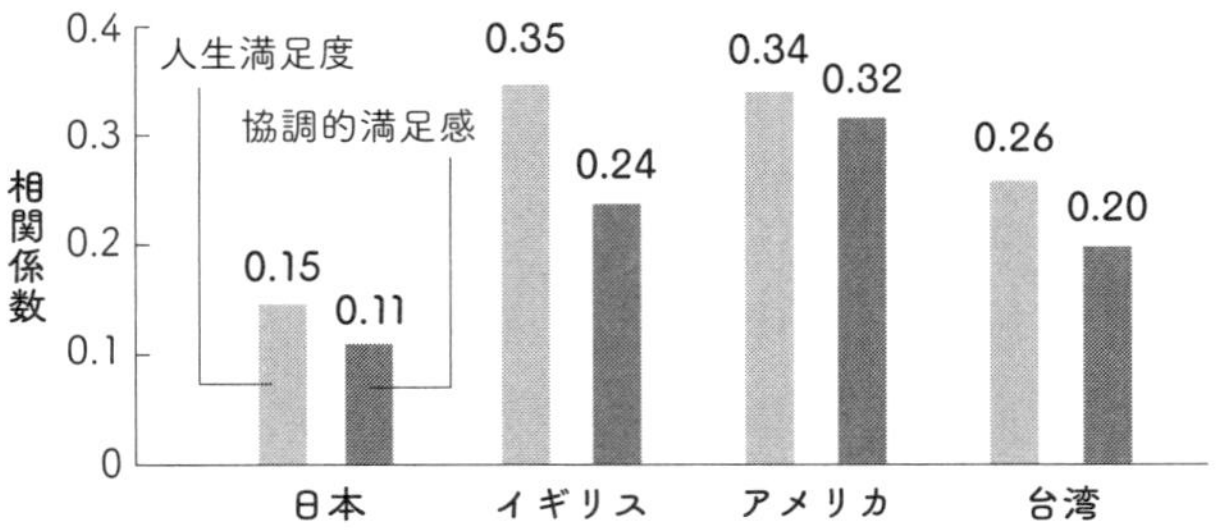

※相関係数：－1～＋1の値をとり、＋1に近づくほど正の相関が強く、－1に近づくほど負の相関が強いことを示す
出所：「同調から個をひらく社会へ——文化比較から紐解く日本の働く幸せ」コクヨ×京都大学共同研究レポート

はなく、日本では役職の高さは幸せとの結びつきが弱いという。

ポジションにかかわらず、自分の意見や行動が周囲に良い影響を与えられる機会が、働く幸せを押し上げる。職場への影響を発揮できない場合には、幸せを押し下げてしまうと、コクヨと京都大学のレポートは述べる。

仕事の付加価値を高めるスキルの磨き方

どんな仕事でも卓越性を追求する観点は多様にある。経理部であれば、国際会計基準に詳しいとか、経営的視点からの財務アドバイスができるなど。法務部であれば、知的財産権に関する法制度に詳しいとか、自社のビジネスに詳しく、法的リスクの予測や管理に長けているなど。営業部であれば、業界通で、競合他社の製品について多くの情報を得ているとか、初対面で相手の胸襟を開かせることに長けているなど……。

また、顔が広く、社内外に豊かな人脈があるとか、ITスキルがあり、新しい業務支援ソフトの導入時などに部署の人たちをサポートできるなどは、どの部署でも頼りにされる存在になれる要素だ。

現在の仕事を、社員としてではなく、外部の専門家として、現在の3倍の報酬額で委託されるとしたら、その仕事をどのように行うか、と考えてみてもいいかもしれない。今と同じことを同じように行いはしないだろう。より高い付加価値を出すために、どうすればいいのかと考えるのではないだろうか。本来であれば、会社員も、そう考えて日々働くのが望ましい。

なお、付加価値をあげるためのスキルアップは自らの責任において行う必要がある。「職人的な働き方」の前提条件と言ってもいいだろう。

職人と会社員では、「安定の保証」を何に求めているのかに違いがある。職人は安定の保証を自身の技能に求めるが、会社員は所属企業に求める。よく言われる「就職」ではなく「就社」という状況だ。

特定の企業で長く働くと、その会社だけで通用するスキルが養われていく。持ち運べないスキルということで、アンポータブルスキルと言われる。

一方で、職人的な働き方をするには、どの会社でも必要とされる汎用的なスキルを養う必要がある。ポータブルスキルだ。

職人は仕事の時間にとらわれずに私生活の時間も使って技能の追求に努める。会社員として職人的な働き方をするうえでも同様に、勤務時間外でも必要な情報収集など、ポータブルスキルの向上に努めなければならない。

高付加価値経済に求められる人材になる

職人的な働き方へのシフトは時代が求めていることでもある。大量生産を前提とした産業は成熟化し、サービス産業化、高付加価値経済に移行してきているからだ。

大量生産時代の画一化したシステムで行われた、効率重視の仕事では立ち行かなくなる。高度専門職などの高付加価値人材が必要となり、再び職人的な働き方に近づくのだ。

新たな価値を生み出す仕事には、創造性や独自性が求められる。資本主義社会の論理とは相容れないが、目的のない好奇心は創造性の源であり、職人にはこれが必要だ。

一方、模倣的な仕事には、確実性や効率性が求められる。大量生産・大量消費の時代は、みんなが同じように動けることが企業の強みになった。そのため日本企業の多くは、言われたことを確実にこなせる模倣性の高い社員を必要としてきた。社内でもそうした社員を育成してきた。

ところが、企業を取り巻く環境は大きく変化した。模倣性の高い社員を中心とした組織構成では成長が難しくなり、創造性の高い社員の獲得や育成が急務となったのだ。

かつて「職人のサラリーマン化」が起こった時に失われたものを取り戻す必要がある。それが、搾取されない、人間らしい働き方をすることにつながるのだ。

先に述べたとおり、職人はプロフェッショナルと言い換えてもいい。プロフェッショナルは卓越性を武器に高いパフォーマンスをあげる、ハイパフォーマーでもある。「職人的な働き方」は、ハイパフォーマーに共通に見られる特徴と完全に重なる。詳しくは、拙著『ハイパフォーマー――彼らの法則』（日経プレミアシリーズ）に譲るが、ここでは「職人的な働き方」という観点で、特に重要性の高い、「失敗から学ぶ」と「身近な人を支援する」の2点について述べたい。

失敗を回避せず、失敗から学ぶ

ハイパフォーマーに共通に見られる点の一つとして、「失敗から学ぶ」が挙げられる。「失敗から学ぶ」には、まずは失敗しなければならないが、ハイパフォーマーは、仕事に多くを期待していないから、守りに入らずにチャレンジでき、失敗できる。成功よりも成長に焦点が当たっているから、失敗をむしろ歓迎する。

「失敗からしか学べない」や「成功よりも失敗のほうが貴重な経験となる」、さらには「失敗というものはない」というようなことをハイパフォーマーはよく口にする。

逆に、ハイパフォーマー以外の人から、こうした言葉を聞くことはほぼない。職人の場合、自分への期待水準が高いがゆえ、納得のいく仕事をしようとする、またはより高品質の仕事をしようとする。当然失敗も多く起こる。失敗を繰り返していく中で技を磨いていくのだ。

しかし、会社員の多くは、なるべく失敗しないように仕事をする。評価に関わるし、企業によっては一つの失敗がキャリア上の命取りになったりもする。

できるだけ失敗しないように働く場合、まず新しいことには手を出さない。以前に経験したこと、または前例があり、失敗せずに進められる方法がわかっていることにしか手を出さない。あるいは、高い目標には挑まない。確実に達成可能な目標しか設定しない。

こういうことを繰り返していては、もちろん成長はしない。組織としても大きな成果をあげることはできないし、発展することは難しい。

日本財団が2022年に、アメリカ、イギリス、中国、韓国、インド、日本の17〜19歳の人を対象に行った「第46回『国や社会に対する意識』（6カ国調査）」によると、「多少のリスクが伴っても、新しいことに沢山挑戦したい」「多少のリスクが伴っても、高い目標を達成したい」という回答の割合は日本は他国と比べて際立って低く、いずれも5割を下回っている。

日本人が、社会に出る前の段階からこのような意識なのは、企業が求める「失敗を回避する人材」を社会や学校が育ててきた結果なのであろう。

失敗という点において、会社員と職人とではその捉え方に大きな隔たりがある。会社員は、失敗を必要以上に深刻に捉え、それが起こらないように細心の注意を払いつつ、安全な道を進む。

職人は、失敗を恐れない。前へ進むうえで失敗を歓迎する。むしろ失敗は念頭にはないと言ったほうがいいのかもしれない。

品質や付加価値に100%目が向けば、それを目指す過程でうまくいかないことは当然ある。トーマス・エジソンが言ったように「うまくいかないやり方を1万通り見つけた」というような心境かもしれない。

そしてハイパフォーマーは、会社員でも、職人的なメンタリティを持っている。『ハイパフォーマー――彼らの法則』では、失敗を「自分事」として受け止めることで好循環が回ると述べた。

失敗を自分事として受け止め、失敗から学ぶことで、行動は改善される。同じ状況が起きた場合に、二度と同じ失敗は繰り返さず、適切に対処できるようになる。それにより自信が形成され、さらに困難な課題にチャレンジできる。失敗しても、再度失敗から学べる。

そのようにして経験値はどんどん高まり、実力はレベルアップしていく。また、責任逃れをしない態度は周囲から好感を持たれ、信頼が高まり、重要な仕事を任されるチャンスにも恵まれるようになる。

修羅場体験で胆力と楽観性を身につける

大きな失敗は、「修羅場体験」にもなる。ハイパフォーマーへのインタビュー時には、キャリアのターニングポイントについて必ず聞く。

「あの経験がなかったら今の自分はないというような、転機となった出来事は？」

こう聞くと、修羅場体験を挙げるケースが大半で、30代前半での体験である場合が多い。ひと通りの経験を積んで、特定業務の担当を任され、責任も重くなる頃だ。

その失敗は20代の頃とは比較にならないほど重い。修羅場は失敗とは限らないが、大失敗をして挫折した経験もあれば、修羅場を経て成功に至ったという経験もある。いずれも、それらの経験が現在の糧となっているのだ。

なぜ修羅場体験が重要なのか、その後の糧となるのかを尋ねると、「一人では何もできないことがわかった」、「チームで仕事をする大切さがわかった」と返ってくることが多い。自分の限界を知ると同時に、他者への感謝の念が芽生えたということだ。

それまでは比較的自信満々で、自分で何でもできると思っていたが、「鼻をへし折られる」経験をしたのだ。こうした経験は働くうえで非常に大切で、人から聞いて理解するレベルとはまったく異なる。

そしてもう一つ、修羅場体験により胆力や楽観性が身につくのだという。「たいていのことは、なんとかなると思える」という返答も、たいへん多く聞く。

修羅場を経験すれば、それに匹敵する困難はそうはないと理解する。修羅場と比べられるので、過度に悲観的になることなく、あわてずに対処できるようになるのだ。

私自身、リーマンショック後に、会社を潰しそうになったことが幾度かあった。資金が底をつき、借金が膨らみ、2カ月後には従業員の給料が払えないというような状況で、眠れぬ日々を過ごした。

そういう経験をすると、事業がうまくいかないとか、コロナ禍の影響で大きな仕事がキャンセルになったなど、あまりどうとも思わなくなる。いつもと変わらずよく眠れる。いい面ばかりではないかもしれないが、ある種の鈍感力は確かに身につく。

ハイパフォーマーは、成功も失敗も多く体験している。要するにチャレンジしているのだ。結果として経験値が高まる。修羅場体験から多くのことを学んでもいるだろう。

ハイパフォーマー・インタビューで、もう一つ必ず聞くのが「仕事上の信条は？」だ。

この問いに、ハイパフォーマーはしっかりとした返答をする。よくある座右の銘ではなく、借り物ではない自分独自のこだわりだ。持論を持っているのだ。

この信条は様々な経験の中で形成されたものであり、ここだけは譲れないという点を明確に持っている。

一方、失敗を恐れてチャレンジを回避してきた人は、大きな失敗も成功も経験しておらず、薄い職業人生を送っている。結果として、他者と差別化できる強みを確立できていないため、欠かせない存在とはなれず、影響力も発揮できないことになってしまうのだ。

身近な人を支援すると、ウェルビーイングと成功が近くなる

ハイパフォーマーに共通する特徴のもう一つは、「身近な人を支援する」ことだ。私たち社会人は、一日の多く、そして人生の多くを職場で過ごす。

家族以外で、職場の同僚ほど多くの時間を共に過ごす相手はいない。場合によっては家族以上かもしれない。そのため、職場の同僚との関係性はウェルビーイングに大きく関わる。

同僚とポジティブな関係性があれば、ウェルビーイングを高く維持する助けになる。こ

れは多くの調査結果によって証明されている。

反対に、ポジティブな関係が築けていない場合の悪影響はとてつもなく大きい。ストレスはどんどん蓄積し、私生活にも深刻な影響を及ぼす。

具体的に説明しよう。営業職で、短期的な業績を重視する人の中には、顧客や上司には良い顔をする一方で、社内の人、特に身近な同僚をないがしろにするケースもまま見られる。実利ばかり追う人だ。そういう人は他者を、「自分の役に立つかどうか」のみで判断する。

しかし、ハイパフォーマーは、まずは身近な人を大切にするのだ。営業事務を担っている派遣社員にも感謝して丁寧に接する。それによる好循環を理解しているからだろう。

身近な人を大切にするメリットの中でも、モチベーションの維持・向上はとりわけ重要性が高い。身近な人を助け、関係性が良くなれば、職場が自分にとって居心地のいい場となる。

毎日顔を合わせる人たちとの関係が幸福度を決める。互いに信頼し合えれば、気分良く働ける。関係が悪ければ、たとえ無自覚でも、終始ストレスが蓄積される。

身近な人への態度は即座に自分に跳ね返ってくる。ハイパフォーマーたちは生産性高く仕事をするためにも、気持ち良く楽しく仕事をしたいと思っている。そのために一番重要なのは身近な人たちとの関係であることを知っているのだ。

他人の役に立つことで回る好循環

身近な人の支援は、人の役に立ちたいという根源的な欲求も満たす。誰しも、「人の役に立ちたい」、「人から必要とされたい」と思っている。

顧客から感謝されることで、その欲求は満たせるが、顧客と直接接する仕事ばかりではない。会社内の仕事はすべて間接的には消費者やユーザーの役に立っているが、直には認識できない。

しかし、会社で働いていれば、職場の同僚とは日々接している。ゆえに、「職場の仲間の役に立っている」、「自分はここで必要とされている」という実感は、より身近に得られる役立ち感なのだ。

『ハイパフォーマー――彼らの法則』では、身近な人を積極的に支援することで好循環が回ると述べた。

身近な人を積極的に支援すると、先述したように、モチベーションが維持しやすくなり、生産性高く仕事ができる。それだけでなく、困った時にも周囲から助けてもらえる。

また、会社内における評判も高まり、重要な仕事が任され、自由裁量の余地を多く与えられる。成果があがった時には、仲間と一緒に喜びを分かち合える。それにより、さらに関係が強固なものとなり、好循環が回る。

翻って、職人について考えてみる。職人というと、一人で仕事をしている印象があるかもしれない。しかし、一人で完結する仕事はない。

まずは工程である。ほとんどの製作物はいくつかの工程に分かれており、それぞれの工程をそれぞれ専門の職人が担当し、中間品を次の工程に流して完成まで漕ぎつける。会社内でも上流から下流まであるとおりだ。品質の維持も重要だが、納期を守るとか、いざという時に助け合えるとか、信頼し合える関係であることが前提だ。関係性を損なえば、仕事を依頼されなくなるだろう。

次に販売だ。職人は、作ったものを誰かに買ってもらわなければならない。当然、顧客との関係もあるし、多くの場合は自分と顧客の間に介在する人がいる。流通や販売を担う人との協働が不可欠なのだ。その関係が良好でなければ、生計を立てられない。

そしてもう一つ、技を身につける、磨く、伝承する際に、他者の助けが必要となることだ。職人技術を独学で身につけるのは難しい。基本は師匠や先輩から学び、弟子や後輩に伝承していく。ここでも良好な関係がなければ、技術を身に付けることも、引き継いでもらうこともできない。

また、顧客の要望や意見を取り入れることも重要だ。相手のニーズや期待に応えることで、技術の向上につながる。顧客や同業者との関係を通じて得られるフィードバックは、職人の成長や技術の進化に欠かせないのだ。

このように、職人であっても、ハイパフォーマー同様、身近な人を大切にすることは不可欠な要素となる。

自己複雑性を高め、バランスのとれた人生にする

以上、ハイパフォーマーに共通する特徴を見てきた。生活全体のウェルビーイングを高めるには、彼らの行動にならって働き、成果をあげると同時に、先述したように「組織人」から「職人」へと意識を変える必要がある。

では、すっかり浸透して、固定化してしまった「組織人」としてのアイデンティティは、どのようにして解除できるのであろうか。

仕事にやりがいを感じることは否定されるべきではない。しかし、仕事のみがアイデンティティとなっては、一歩足で打席に立っているようなものだ。仕事の成果が自己評価そ

のものになれば、働くうえで起こることを深刻に受け止めざるを得なくなる。また、変化への対応も難しくなる。

人には多くの側面がある。労働者であると同時に家族であり、友人であり、市民であり、趣味人であり、隣人でもある。

しかし、すべてのエネルギーを仕事に注ぎ込むと、他のアイデンティティを育む余力がなくなる。その結果、仕事が活動のほぼすべてを占めてしまう。

そのループから抜け出し、レジリエンス（弾力性）のある自己をつくり、バランスのとれた人生を送るには、多様化を図る必要がある。

仕事以外の活動に積極的に取り組み、多様なアイデンティティを構築しなければならない。多様な自己を持つということだ。心理学では「自己複雑性」と言う。

自己を様々な面を持っている存在として捉え、自己複雑性が高いほど、感情は安定し、自己評価も高い状態が維持されやすいとされる。自己複雑性が低い人は、強いストレスに晒されると、その影響が生活全体に波及しやすい。

最近の経営学では「イントラパーソナル・ダイバーシティ」とも言うらしい。個人内多様性であり、一人ひとりの中に多様な視点や役割を持つことを指す。

社会心理学者であるS・アレクサンダー・ハスラムらの研究によると、複数の社会的アイデンティティを持つと、ストレスや逆境に対するレジリエンスを高める要因となる。多様なソーシャルネットワークやサポートシステムが、個人が困難を克服するための重要なリソースになり得るということである。※1

私の大学院時代の指導教官は、キリスト教会の牧師もしていた。いくつかの学会にも所属していた。地域の活動にも熱心だった。すると、仮にそのいずれかで失敗をしたり、評価が下がるようなことがあっても、過度に深刻になったりはしないであろう。

金融の分散投資に似ているかもしれないが、活動を多様化することから恩恵を受けられるのだ。仕事だけを、人生の中心から少し追いやれるかどうかである。

人生において経済活動より重要なものがあると感じさせてくれる点では、宗教は大きな意味を有している。ほとんどの宗教的な行為は、生産活動と神と向き合う活動とを明確に分ける。

ユダヤ教の安息日やイスラム教の1日5回の礼拝も、経済活動である仕事と信仰とを切り離すものだ。これにより、経済的、商業的な活動よりも価値のあるものが存在するという認識を持ち続けることに役立っているのではないだろうか。

「人との関わり」に投資する重要性

そもそも一人の人間が一つの仕事しかしないという必然性はない。いくつかの仕事をして、いくつかのアイデンティティを持ってもいい。しかし、現状においては、多くの人にとって、一つの仕事に集中したほうが経済的に安定する状況にある可能性が高い。

副業や投資などに手を出しても、うまくいかなければ、ますます仕事への依存度を高める結果となる。それゆえ、仕事において複線化を図ることはそれほど簡単ではない。

まずは現在の仕事の中で活動を多様化することが現実的だ。「組織人」として役割をまっとうする一方で、「職業人」として特定の卓越性を追求するのも一つ。仕事に関連した団体や集まりの場も多くある。そうした集まりで、何かしらの役割を担うこともあり得るだろう。また、趣味のつながりなども、もちろん候補になる。

先にも引用した、バブソン大学のロブ・クロスは、仕事の幸福感を高めるには「人との関わり」に投資することが重要であるとし、次のように述べている。※2

「仕事以外で有意義な関係に投資することは、きわめて重要だ。我々の調査では、成功している人は仕事以外の少なくとも1つか2つのコミュニティに根を張っている、という結果が繰り返し示している。（中略）仕事以外のことに時間を割くことで、生活が充実するだけでなく、心身のエネルギーを維持するのにも役立つ。仕事以外の人と交流することで、視野が広がり、仕事の浮き沈みに左右されることなく、自分らしくいられるようになる。」

社外ネットワーク拡充の重要性は、情報や発想を得るだけではない。職業人としての自分を取り戻し、多様なアイデンティティを持つことによりレジリエンス向上にも高い効果がある。

仕事を愛しつつ、仕事を人生の主役にしない

社外の人に「仕事」を聞かれて、会社名と役職だけを答えることはまずない。仕事の中身について話すはずだ。役職だけで通用するのは社内のみである。会社内の付き合いだけでは、組織人としてのアイデンティティの枠を出ない。社外の人と交流をしてはじめて、職業人としての自分を意識するのである。

ハイパフォーマーとその他の人の顕著な違いの一つは、社外ネットワークの充実である。人生にとって価値のあるものを見出し、複数の活動を実践すれば、会社や上司、市場の影響を受けにくい自分を育てられる。仕事は人生に意味を与えるが、仕事以外にも人生に意味を与えてくれるものはいくらでもある。人は経済的価値を生み出すためにだけ存在し

ているわけではない。

本書冒頭で紹介したように、最近、私の周囲でも、地方への移住を考えている人が増えている。実際に何人かは地方に生活の拠点を移した。移住した皆が必ず口にするのは、仕事の捉え方が変わったということだ。仕事がすべてではなくなったようだ。

突然、都会から自然豊かで、何のしがらみもない土地へ家族全員で移れば、仕事のことばかり考えてはいられない。しばらくは、仕事は二の次にもなり得る。

地方への移住は、一種のショック療法のようでもあるが、一歩足打法から脱却するシンプルな方法なのかもしれない。

結果、仕事をワン・オブ・ゼムに追いやることができる。だからといって、手を抜くわけではない。仕事で十分な貢献をしているからこそ、それ以外の活動や家庭生活にも張りが出るのだ。こうした、多様でバランスのとれた生き方こそがハイパフォーマーの真骨頂なのだ。

アイデンティティの多様化は、仕事における失敗や批判の痛みを軽減し、仕事を失うことの衝撃を緩和し、退職後の混乱を回避するうえで、たいへん重要な意味を持つ。それにとどまらず、よりバランスのとれた人生につながる。

多様なアイデンティティがあれば、様々な世界の人とつながり、人生をより豊かに過ごせる。趣味や仕事以外のものへの興味を持っている人のほうが、仕事でも生産的になれることが研究によって示されている。

とはいえ、多くの人にとって、仕事を脇に置いた未来を思い描くのは現実的ではない。圧倒的に多くの時間を費やすのは仕事だけに、その時間をどう過ごすかが重要であることは間違いない。

しかし、だからといって、生きがいを仕事の中に見つける必要は必ずしもない。人生における仕事の位置づけは人それぞれ違う。画一的な答えは存在しない。

人生で何を大事にしたいかを考え、自らで決める必要がある。自分の仕事を愛しつつ、かつバランスのとれた人生を送っている人も多くいる。

今後を考えれば、週休3日制、あるいは週3日労働制のような方向もより現実性を帯びてくるであろうし、ライフスタイルの多様化も進み、人生における仕事のウェートは下がっていくであろう。

その時に時間の過ごし方で迷いや混乱が生じないように、仕事を人生の主役にしない方向性を考えておく必要があるのではないだろうか。

エピローグ

ハイパフォーマーは「オフ」に何をしているか

公私とも生活に満足するハイパフォーマー

ちょうどこの本の執筆中に、4つの企業で約50名のハイパフォーマー・インタビューを行った。

いずれも大手企業で、業種は銀行、重工業、通信、製薬である。インタビューの対象者は、部長クラスが8割程度で、残りの2割は本部長、執行役員の方々だった。

インタビューの趣旨は、経営者として求められるコンピテンシーの強弱を見るというものだ。インタビューの最後のほうで、この本のテーマにも関連のある質問を2、3してみた。50名ということで、さほど多い人数ではないが、大手企業における部長・本部長クラスの一定の傾向はつかめると思う。

一つの質問は、現在の公私合わせたウェルビーイングを10点満点で尋ねるものだ。結果として、最も多い回答は「8点」で、次は「10点」、「7~8点ぐらい」というのがその次であった。低めでは「半分ぐらい」という方が少数ながらいたが、平均は約8点で、予想通りかなり高い結果となった。

高い結果となったのは、おそらく、「公私合わせたウェルビーイング」と言ったことで、仕事半分、プライベート半分と考えた方が多かったことが推察される。

ハイパフォーマーだけあって、仕事は5点満点で5点か4点、それにプライベート分を加算するので、自ずと高得点になるのだと思う。

「仕事についてはできすぎぐらいで、これ以上望んだら罰が当たります」と言う方も多くいた。「10点」と答えた多くの方はこういう感じで、「仕事は家族の協力もあり満点で、プライベートも充実している」ということで10点との評価になっているようであった。

「10点」と答える人は自信満々、あるいは過信している人という印象を持たれるかもしれないが、実際は、とても謙虚で、会社や職場の仲間、家族やプライベートの仲間に対して感謝の気持ちが強い人、という印象を私は持った。

趣味の本気度、プロフェッショナル度も高い

次に、休日の過ごし方の質問に対しては、予想以上に活発に活動していることに驚いた。これまでのハイパフォーマー・インタビューでもそうだが、こうした質問への答えのほうが、仕事の話よりも熱が入り、活き活きと話す方が大半であった。

ある方は、週末の半分以上は、マラソン大会に出場していた。年間で100を超えるマラソン大会が全国のどこかで開催されているそうである。

同じように頻繁に大会に出場する人たちとあちこちで顔を合わせ、地方遠征の際にはそうした仲間と温泉に入って美味しいものを食べ、次の日に帰ってくるという。大会に出場しない週末は、マラソンの練習をするか、もう一つの趣味である海釣りに出かけるそうだ。

また他のある方は、木工の趣味が高じて、ホームセンターで知り合った数人と工房を借りて家具を作り始めた。現在は、メンバーの知り合いから依頼を受けて製作をしているが、後々は工房での販売やネット販売も視野に入れている、という。

そのほか、長く絵を描いていて、地元で個展を開催した人、学生時代にやっていたバンド活動を再開し、たまにライブハウスで演奏している人、ＤＩＹを極めすぎて自宅を増築した人……。

ある方は、「学生時代にワンダーフォーゲル部だった妻の影響で、二人で山歩きを始めました」と言うので、比較的普通の過ごし方だなと思ったがとんでもない、よく聞くと、関東100名山、残すところあと9つ。もはや登山家である。

このように、「趣味」の域を超えているような事例を今回のインタビューだけでも数多く聞くことができた。

本気度やプロフェッショナル度合いも高く、ここまでくるとどちらが仕事かわからないくらいである。

できることには、全力を出し切る習慣

なぜ休日までこんなに目いっぱい活動するのか、疲れないのかと思いかけたところで、あることを思い出した。MLBの大谷翔平選手である。

2024年は肘の手術からのリハビリ期間で、ピッチャーとしては出場していないが、打撃と走塁で大活躍であった。盗塁に関しては、怪我をしないかと、ハラハラしながら見ていたファンも多かったのではないだろうか。

牽制球に頭から戻って相手選手と交錯、怪我をしたらどうするんだと、見ているほうが

心配であった。本塁打で十分チームに貢献しているのだから、危険を冒して盗塁する必要はないのではと不思議に思ったが、ＭＬＢ経験のある解説者が納得できる説明をしていた。「大谷選手にとって、できることをセーブしてやらないという選択肢はそもそもない」「野球を始めた時から、全力を出し切って自分のできることをすべてする習慣が身についているから、盗塁のチャンスがあるのに、それをしないことは彼にとってはあり得ない」さらに「もしチャンスがあるのに盗塁しなかったら、全力を出し切る習慣が崩れ、来期投打に活躍できなくなるかもしれません」と言うのである。

ハイパフォーマーの皆さんも、おそらく大谷選手と似た面があるのではないだろうか。仕事でも、プライベートでも、手抜きは性に合わない。とにかく何事も全力で取り組むことを習慣としている。おそらく、平日の仕事と週末の活動とが相乗効果を生み、良好な循環が回っているに違いない。

とはいえ、数多くマラソン大会に出場している人は、さすがに（心地よいものではあるものの）疲れるようで、月曜日は実のところ回復に努めているそうである。

部下たちも、込み入った相談事は月曜日には持ってこないよう配慮してくれているという。

その代わり、火曜日から木曜日は周囲も引いてしまうくらいに猛烈に働く。金曜日は次の大会を考え始め、多少セーブするのだが、ハイパフォーマーだけあって、3日間で十分な成果が出るような仕事をしているようである。

ある意味、自分自身の中では週3日勤務＋αくらいの気持ちで仕事をしているような感じである。それが程よいリズムになっているのであろう。

以上のように、ハイパフォーマーの方々は、聞いているこちらが疲れてしまうほどの活動量なわけだが、今回まとめて50名に聞いて、一つ気づいたことがあった。

それは、ハイパフォーマーではない一般の管理職に聞いた場合に多く出る、「できるだけのんびりして、リフレッシュに充てる」とか、「ひたすらゴロゴロする」という類いの回答がほぼ聞かれなかったことである。

ハイパフォーマー以外の管理職を個別にインタビューすることはそれほど多くはないが、肌感覚で言えば、半数程度の人はこのような返答をする。

今回のインタビューでも、週末の一日は趣味に費やし、もう一日は家で朝から晩まで読書をするという方はいたが、単にゴロゴロしているのとは異なる。

よく考えれば、「リフレッシュ」や「充電」という場合、もうその段階で仕事中心の生活になってしまっている。仕事が「主」であって、プライベートが「従」。

週末は、月曜日からまたバリバリ働くためにあるもの、という位置づけになっているわけだ。そういう人の場合、むしろ仕事とプライベートを明確に分けたがり、プライベートに仕事が入り込んでくるのを極度に嫌がる傾向にある。

ハイパフォーマーの場合、仕事とプライベートとの区別には、おそらくあまり関心がない。仕事のことを考える余地がないほど、週末の活動に没頭しているからである。

例のマラソンと海釣りが趣味の方が、面白いことを言っていた。

「大会に出場して走っている時や釣りをしている時は、ほぼ頭の中が空白なので、仕事のことに限らずほぼ何も考えていません」「ただ、マラソンの練習で走っている時にはよく仕事のことを考えます。いいアイデアが浮かぶことも多いです」

大会や釣りの時はおそらく瞑想のような状態に入っているのであろう。

一方、練習の時にはそこまで没入していないので、仕事について考えることに何ら抵抗感はなく、むしろ仕事中にはなかなか出てこない発想もでき、いい時間であるようだ。

この方は、仕事以外のことを目いっぱい楽しんでいるので、仕事モードをあえて追い払う必要はなく、プライベート時間中に仕事のことが頭をよぎっても嫌悪感を抱いたりはしないのであろう。

あとがき

今回は思いもよらず、働く意味ややりがい、生きる意味や生きがいについて、とても深く考えることとなりました。

しかし行き着く先はいつも同じです。その帰着点とは、結局のところ、日々のささいなことが大切ということです。

生きがいを見出すうえでは、大きな成功や達成は必要ではありません。日常のこまごまとしたこと、一見わずらわしく思えるようなこと、それらの一つひとつを大切に思えるならば、きっと人生は輝くのでしょう。

トム・ハンクス主演の映画『オットーという男』はそうしたことを説得力をもって教え

てくれます。コメディータッチながら心温まる良い映画です。

町内一の嫌われ者オットーは、いつも不機嫌。ルールを守らない人が許せない彼は、近所の人たちからも煙たがられる存在でした。最愛の妻を亡くして生きる希望を失い、自らの人生も終わらせようとしていた矢先、向かいの家に越してきた、図々しいが明るくて心優しいマリソルとその家族との交流が始まります。

最初は距離を置こうと冷淡に接していたオットーも、次第にマリソル家族に触発され、少しずつ心を開いていきます。徐々にオットーは生きる意味を見出すようになり、周囲の人たちとの関係を修復していきます。

最終的にオットーは、地域コミュニティの重要な一員として再び生きる活力を取り戻します。避けていた、人との関わりの中で、自分を見つめ直し、自らの生きる意味を再発見するのです。

この一年私は、仕事は少々減らしつつ、地元自治会の会長の役割を担ってきました。自治会はこれまで所属してきた集団のいずれとも似ているところがなく、新鮮な気づきが多くありました。
一番の特徴はやはり——どの自治会も似たり寄ったりと思いますが——引退後の高齢の

方々が主体となって運営されていることです。還暦間近の私などは「若手」と言われるほどでした。仕事上は最長老くらいですが、集団が変われば変わるもので、還暦でも若手になることに改めて気づきました。

自治会運営に携わる高齢の方々を見ると、実に活き活きとしています。何人かいる現役世代が、できるだけ負担を減らすよう活動をセーブするのとは大違いです。語弊があるかもしれませんが、自治会運営がもはや「生きがい」となっている感じでもあります。

70代、80代の方々といろいろ話す機会も増える中で一番強く感じたのは、やはり「生きる意味」は必要なのだなあということです。

「生きる意味」は、現役のうちはあえて考える必要のないことなのかもしれません。しかし、引退した途端に頭をもたげる疑問のようです。

めいっぱい働いて、ようやく引退したのだから、悠々自適に過ごせばいいではないかと思わなくもありませんが、ただゴルフをしたり、映画を見たり、ガーデニングなどの趣味に明け暮れているだけでは、どうにも釈然としないものが残るようです。

中には、「現役時代にはそれなりに趣味もあったけど、仕事を辞めてから途端に興味が持てなくなった」と言う人もいました。引退後はなぜか、趣味的な活動に張り合いが持てなくなったのだそうです。

仕事を通した世の中への貢献に、自負なり安心感があったからこそ、趣味にも積極的に打ち込めた面もあるのでしょう。

仕事に限りませんが、生きるうえでの軸がないのは、とてもつらいことなのです。「なぜ生きるかを知っている者は、どのように生きることにも耐える」という言葉をニーチェは残しています。

一番重要なのは、誰かの役に立っているということです。逆に言えば、誰かに必要とされるということ。必要とされているから生きている意味があると、シンプルに完結し、自らを納得させることができます。

自治会の仕事は、身近な人たちの役に立つ活動ですから、打ってつけとも言えます。携わっている方々が活き活きとしているのも頷けます。

日本で暮らしたスペイン人エンジニアのエクトル・ガルシアらが２０１６年に著した『IKIGAI』（邦訳『外国人が見つけた長寿ニッポン幸せの秘密』エクスナレッジ）という本がベストセラーになり、ＢＢＣなど海外メディアで特集され、世界規模で広がりました。英語圏では「生きがい」にあたる言葉がないそうで、「ikigai」という単語として浸透しています。

著者らは「ikigai」を「仕事と人生の質を向上させるための日本の概念」として定義し、「必要とされる」「得意」「好き」「稼げる」の4つの構成要素で表しました。これらの要素が重なり合うところに生きがいが見出せるとされています。

仕事は、「稼げる」だけではなく、「必要とされる」や「得意」や「好き」と重なることで生きがいを見出せます。自治会活動は、稼ぎにはならないものの、地域に必要とされているので、「得意」や「好き」と重なれば生きがいとなるでしょう。

さて本書ですが、当初は、ハイパフォーマーのパフォーマンスをあげるという点に焦点を当てようと考えていました。それが生活全体のウェルビーイングを高めるうえで先決であると。

しかし、シンプルに完結させることは叶いませんでした。ウェルビーイングを語るにあたっては、あれもこれも避けては通れないと思われることが多く出てきてしまい、たいへんな領域に踏み込んでしまったと後から気づきました。まさしく、生きる意味や生きがいまでも考えざるを得ない状況となったのです。

結局、ハイパフォーマーのパフォーマンスをあげるという点にだけとどまることは許されず、ハイパフォーマーの働き方はもとより、生き方までも包含することになりました。

結果として、ハイパフォーマーの全体像を読者の方々に、より重層的に伝えることができる内容となったと思います。

最後になりますが、海外の情報を含め、今回のテーマに関連する情報の収集に多大な力添えをいただいた、弊社メンバーでオランダ在住の西珠海さんに感謝申し上げたいと思います。

また、いつもながら、自分ではどうにも手の施しようのなくなった、取っ散らかった雑文を、読者の手に届けられるように整形していただいた、日経BPの野澤靖宏さんに、この場を借りて、心から御礼を申し上げます。

2025年1月

著者

参考文献

第1章

※1 The Happy-Productive Worker Model and Beyond: Patterns of Wellbeing and Performance at Work, February 6, 2019. by José M. Peiró , Malgorzata W Kozusznik , Isabel Rodríguez-Molina and Núria Tordera, Int J. Environ Res Public Health

※2 Seligman's PERMA+ Model Explained: A Theory of Wellbeing, February 24, 2017. by Melissa Madeson, PositivePsychology.com

※3 To Be Happier at Work, Invest More in Your Relationship, July 30, 2019. by Rob Cross, *Harvard Business Review*, hbr.org

※4 Full engagement: the integration of employee engagement and psychological well-being, June 15, 2010. by I. Robertson and C. Cooper, *Leadership & Organization Development Journal*, 31(4):324-336

※5 The Role of Work in People's Lives: Applied Career Counseling and Vocational Psychology (2nd ed.), July 30, 2004. by Nadene Peterson and Roberto Cortez Gonzalez, American Psychology Association(APA)

※6 State of the Global Workplace Report 2020., Gallup

※7 The Perils of an Achievement Culture, November 1, 2023. by Ania G Wieckowski, *Harvard Business Review*, hbr.org.

※8 The Costs of Being a Perfectionist Manager, September 7, 2022. by Anna Carmella G. Ocampo, Jun Gu and Mariano Heyden, *Harvard Business Review*, hbr.org.

第2章

※1　Over 4 million Americans have quit their jobs for 9 months straight—and it shows how workers have changed the status quo, March 30, 2022. by Juliana Kaplan and Madison Hoff, BUSINESS INSIDER.com

※2　The Great Resignation Didn't Start with the Pandemic, March 23, 2022. by Joseph Fuller and William Kerr, *Harvard Business Review*, hbr.org.

※3　Survey Reveals the Most Annoying Coworker Habits, Last updated: April 17, 2024. by LLC.org Team

※4　小川裕幾、竹内淳「注目を集める『静かな退職』」リコー経済社会研究所、２０２４年6月14日

第3章

※1　Don't Judge People For Slacking Off—They May Just Have a Bullshit Job, July 22, 2020 by Alex Steullet, kintopia.kintone.com

※2　Strong US Employment Growth Amidst Decreasing Average Working Hours, February 2, 2024. Raymond James newsletter, missionwealthadvisors.ca/our-team/loftus-group/the-loft

※3　5 reasons Americans are unhappy, August 22, 2014. by Quentin Fottrell, *THE WALL STREET JOURNAL*, wsj.com

第4章

※1　The Research Is Clear: Long Hours Backfire for People and for Companies, August 19, 2015. by Sarah Green Carmichael, *Harvard Business Review*, hbr.org.

※2　Elon Musk has been preaching the value of 'hardcore' work to employees for over a decade, early Tesla emails show, November 22, 2022. by Grace Kay, BUSINESS INSIDER.com

※3　The Sleepless Elite: Why Some People Can Run on Little Sleep and Get So Much Done, April 5, 2011. by Melinda

Beck, *THE WALL STREET JOURNAL*, wsj.com

※4 Why The 4-Day Workweek Is Gaining Momentum, May 5, 2024. by Caroline Castrillon, forbes.com

第5章

※1 "Why We Glorify Overwork and Refuse to Rest," August 28, 2023. by Tony Schwartz and Eric Severson, *Harvard Business Review*, hbr.org,

※2 Research: Your Love for Work May Alienate Your Colleagues by Mijeong Kwon, Julia Lee Cunningham and Jon M. Jachimowicz, June 14, 2023, *Harvard Business Review*, hbr.org

第6章

※1 Social identity, health and well-being: An emerging agenda for applied psychology, Applied Psychology: An International Review, 58(1), 1–23., January, 2009. by Haslam, S. A., Jetten, J., Postmes and T., & Haslam, C., psycnet.apa.org

※2 To Be Happier at Work, Invest More in Your Relationship, July 30, 2019. by Rob Cross, *Harvard Business Review*, hbr.org

相原孝夫
（あいはら・たかお）

人事・組織コンサルタント。株式会社HRアドバンテージ代表取締役社長。早稲田大学大学院社会科学研究科博士前期課程修了。マーサージャパン株式会社代表取締役副社長を経て現職。人材の評価・選抜・育成および組織開発に関わる企業支援を専門とする。経営アカデミー（日本生産性本部）、日経ビジネススクールほかでの講演等多数。主な著書に、『会社人生は「評判」で決まる』『ハイパフォーマー　彼らの法則』『仕事ができる人はなぜモチベーションにこだわらないのか』『職場の「感情」論』などがある。

なぜ私たちは、仕事が嫌いになるのか。

ハイパフォーマーの隠された真実

2025年2月21日　1版1刷

著者　相原孝夫

発行者　中川ヒロミ

発行　株式会社日経BP
日本経済新聞出版

発売　株式会社日経BPマーケティング
〒105-8308　東京都港区虎ノ門4-3-12

装幀　新井大輔

DTP　マーリンクレイン

印刷・製本　三松堂印刷

ISBN 978-4-296-12080-2